죽음이 품격을 입다

당하는 죽음에서 맞이하는 죽음으로

죽음이 품격을 입다

송길원 지음

"한 사람의 인생은

그가 어떻게 살았느냐와

어떻게 죽었느냐로 평가된다."

어니스트 헤밍웨이

글 머리에

1998년 제51회 칸 영화제 〈심사위원대상〉

1998년 토론토 국제영화제 〈관객상〉

1998년 제11회 유럽영화상 유러피언 〈작품상〉, 〈남우주연상〉

1998년 바르샤바 국제영화제 〈관객상〉

1998년 밴쿠버 국제영화제 〈국제영화 인기상〉

1999년 제71회 미국 아카데미 영화제 〈외국어 영화상〉,
〈남우주연상〉, 〈음악상〉

1999년 제52회 영국 아카데미 영화제 〈남우주연상〉

무슨 작품일까? 많은 연예인이 자신의 '인생 영화'로 꼽는 영화다. '살면서 반드시 봐야 할 영화'라는 연관 검색어가 따라붙는다. 이쯤 되면 감이 오지 않는가?

바로 〈인생은 아름다워 Life is beautiful, *La Vita E Bella*〉이다.

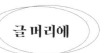

이탈리아의 코미디언이자 감독이면서 배우인 로베르토 베니니가 홀로 각본, 연출, 주연으로 1인 3역을 했다. 거기다 극 중 부인인 도라 역으로 나온 니콜레타 브라스키와도 영화 출연을 계기로 실제 부부의 연을 맺는다. 부부의 합작품인 셈이다.

이 영화의 모티브는 뜻밖에도 러시아의 혁명가 트로츠키가 던진 한 마디에서 시작된다.

트로츠키는 독재자 스탈린과 대립하다가 국외로 추방된다. 여러 나라를 떠돌면서 반소(反蘇) 활동을 벌이다가 1940년, 그의 나이 예순한 살이던 무렵 풍운아 트로츠키는 자신의 죽음을 예감한다. 암살당하기 직전, 그는 정원에서 부인에게 이 한 마디를 남긴다.

“그래도 인생은 아름답구려.”

그리고 그 말은 그대로 유언이 되었다.

이 말은 많은 예술인에게 영감을 주어 문화예술로 피어났고, 인류의 유산으로 남았다.

훗날 누군가는 나의 인생을 이렇게 말해줄 수 있을까?
"인생은 원더풀, 떠남은 뷰티풀."

그래, 인생은 아름답다.

하이패밀리 설립 30주년을 맞이한

2022년 여름●, 송길원

● 유대인에게 사계절은 가을부터 시작된다. '가을-겨울-봄-여름.' 히브리어로 '종말'과 어원이 같은 여름, 그 끄트머리에서 우리는 '새로운 시작'을 본다.

프롤로그

시간이 흐르면 악마에게도 길드는 게 사람이다. 어느 날 불현듯 찾아든 코로나, 우리는 이 끔찍한 녀석에게도 꽤나 적응했다. 아이가 기저귀 차듯 마스크는 필수품이 되었고 패션으로도 자리 잡았다. 주먹질로 인사하고 비대면 미팅도 익숙해졌다. 위드 코로나를 거쳐 포스트 코로나 시대에는 어떤 세상이 펼쳐질까?

프랑스 출신 경제학자 겸 미래학자 자크 아탈리는 코로나가 잠잠해진 이후에 유행할 콘텐츠를 언급하면서 '시간, 죽음, 슬픔, 장례식' 4가지를 꼽았다.•

나의 듀얼타임 시계

해외여행이 잦을 때였다. 나는 어김없이 듀얼타임 시계를 손에 찼다. 손목시계는 두 개의 시각을 가리킨다. 하나는 현지 시각이고, 다른 하나는 한국 시각이다. 시계 두 개가 있으면 참 편리하다. 머리를 굴려 더하기 빼기를 할 필요가 없다. 수에 맹한 내 머리에는 적절했다. 하늘길이 막혀 멀리 여행을 떠날 일이 없는데도 나는 여전히 듀얼타임 시계를 고집한다.

몇 시 몇 분을 가리키는 시각과 달리, 시간 개념에는 두 가지가 함께 맞물린다. 크로노스Chronos와 카이로스Kairos가 그것이다. '크로노스'는 1년 365일, 모든 사람에게 똑같이 찾아오는 물리적인 시간이다. 가만히 있어도 흘러간다. '카이로스'는 의미와 가치를 부여하는 나만의 시간이다. 추억하고 기념하는 시간으로 언제든지 소환 가능하다.

누구에게는 새해 첫날조차도 크로노스일 수 있다. 또 어떤 이에게는 12월 끝자락 어느 날이 카이로스일 수 있다. 12월 25일, 나는 기다리던 손녀를 얻었다. 드디어 할아버지가 된 것

● 저자의 전작 《죽음의 탄생》에서처럼 이 네 가지 주제를 《조선일보》에서 "일사일언 칼럼"으로 다뤘던 글을 여기에 정리해 싣는다.

이다. 잊으려야 잊을 수 없는 카이로스다. 누군가가 그랬다지? "이렇게 좋은 줄 알았으면 손녀부터 얻을걸 그랬다"라고.

크로노스는 누구에게나 골고루 주어지는 시간이다. 어떤 사람도 크로노스를 멈출 수 없다. 하지만 카이로스는 내가 어떤 의미를 부여하는 순간, 인생의 변곡점이 된다. 지구촌 어느 마을에서는 15세가 되면 목에 메모장을 걸어준다. 메모장에는 기뻤던 일과 그 기쁨이 지속된 시간을 적는다. 그가 숨을 거두었을 때 크로노스의 나이가 아닌 카이로스의 시간을 묘비에 새긴다고 한다.

새해가 왔다고 달라지는 것은 아무것도 없다. 날마다 의미 있게 살 때 그 매일이 새해가 된다. 내가 매일 차는 듀얼타임 시계에는 '카르페 디엠'Carpe Diem이란 글자가 선명하게 박혀 있다. '이날을 붙잡아라', '인생을 독특하게 살아라'라는 의미의 라틴어다. 이것은 시간이 아닌 '삶의 나침반'에 관한 이야기다. 랜스 암스트롱은 암 진단을 받은 지 3년 되던 10월 2일을 '카르페 디엠 데이'라고 이름 붙였다. 그리고 99%의 절망을 1%의 희망으로 이겨냈다.

이 글을 읽는 모두에게 나의 손목시계를 선물하고 싶다. 당신에게 카이로스를 가져다줄 '카르페 디엠' 말이다.

숲속 무덤을 나만의 성지 삼다

누구에게나 비밀 공간이 있다. 연인들에겐 둘만의 밀회 장소가 있고, 아이들에겐 그들만의 은밀한 놀이 공간이 있다. 옛날 집 다락방은 말 그대로 비밀 창고였다. 시집올 때 장만했던 금가락지와 비녀를 숨겨둔 장소였고, 아이들이 엄마아빠의 매서운 눈길을 피해 숨는 피난처였다.

나에게도 남모르는 비밀 공간이 하나 있다. 바로 무덤이다. 경기도 산속에 사는 나는 가끔 출몰하는 야생동물과 싸워야 한다. 어느 날, 집 근처까지 내려온 멧돼지의 흔적을 추적하다 무덤과 맞닥뜨렸다.

나도 모르게 움찔했다. 숲속 무덤이라니…. 그러나 이내 마음을 추슬렀다. 순전히 연극 〈염쟁이 유씨〉의 대사 한 토막 덕분이었다. 늘 시신을 다뤄야 하는 유씨는 '시체가 무섭지 않느냐'라는 질문을 받는다. 그가 답한다. "산 사람이 무섭지 죽은 사람이 뭐가 무서워."

그렇다. 산 사람이 나를 해코지하지 죽은 사람이 날 해칠 일은 없다. 그런데도 정작 겁내야 할 산 사람은 무서워하지 않고, 겁낼 필요 없는 시체 앞에서 떤다. 이미 흙 속에 묻힌 무덤 앞에서도 흠칫 놀란다.

나는 그곳을 나만의 성지로 만들기로 했다. 산책로를 내고, 긴 의자를 하나 갖다 뒀다. 그 의자에 앉아 무덤 이야기를 듣는다. "호디에 미히, 크라스 티비"Hodie Mich, Cras Tibi('오늘은 나에게, 내일은 너에게'). 우리는 모두 필멸자(必滅者)라는 깨침이다. 이 문구가 나를 향한 인생 나침반이 되었다.

마음이 울적해질 때면 어김없이 이곳을 찾는다. 아내와 싸운 다음에도 찾는다. 마음속에 일렁이는 분노를 다스리기 위해 여기만큼 좋은 곳이 없다.

사람들이 내게 묻곤 한다. "목사님도 화를 내세요?" 내 속에 얼마나 많은 화가 꿈틀거리는지 몰라도 한참 모른다. 그럴 때마다 찾는 성구가 있다.

"일어나소서, 하나님! 나의 하나님, 도와주소서! 저들의 얼굴을 후려갈기소서. 이쪽저쪽 귀싸대기를 올리소서. 주먹으로 아구창을 날리소서." 성경을 쉽게 풀어 쓴 《더 메시지》 시편 3장 7절에 나오는 구절이다. 다윗이 아들 압살롬에게 쫓길 때 드린 기도다.

나도 무덤가에서 그 기도를 드린다. 그때 무덤이 말을 걸어온다. "메멘토 모리"Memento Mori('죽음을 기억하라'). 어느덧 화도 슬픔도 가라앉는다. "안녕…" 인사하고 떠나는 나를 향해 무덤이 빙긋이 웃고 있다.

악마는 눈물을 흘리지 않는다

"나의 눈물을 주의 병에 담으소서."

성경 시편에 나오는 구절이다. 이스라엘 백성은 자신의 눈물을 병에 담았다. 장례 치를 때 눈물병을 시신 옆에 두었다. 눈물이 자신을 살린다는 의미로 보았다. 아프고 서러웠던 순간에 흘렸던 눈물방울, 긴 한숨과 탄식이 담긴 눈물을 주님이 아시고 위로해주신다는 믿음이었다.

모든 인간은 눈물로 인생 시작을 알린다. 내 손녀 은유도 울음과 눈물로 태어났다. 언젠가 나는 가족과 이웃의 눈물로 인생을 마감하게 될 것이다. 얼마 전 작고하신 이어령 선생은 자신의 생애 마지막에 남는 것이 '눈물'일 것이라고 말했다. 눈물로 시작해 눈물로 마치는 삶이다.

나는 어릴 때 눈물이 많았다. 그때마다 사내자식은 울면 안 된다는 꾸지람과 함께 눈물을 거세당했다. 약해 보이지 않으려고 강한 척했다. 살면서는 슬픔보다 기쁨에 더 많이 인생 무게추를 실었다. 농담을 좋아하고 유머를 사랑했다는 게 그 증거다. 그런데 나이 60을 넘어서면서부터 눈물의 의미를 알기 시작했다. 슬픔을 배웠다. 가까이서 숱한 죽음을 맞이하면서 터득한 생의 진리였다.

천양희 시인은 하루 70만 번씩 철썩이는 파도, 3천 번씩 우짖는 종달새, 백 년에 한 번 꽃 피우는 용설란을 이야기하며 운명을 말한다. 이어 눈이 늘 젖어 있어 따로 울지 않는 낙타와 일생에 단 한 번 우는 새, 울대가 없어 울지 못하는 새를 이야기한 다음에 묻는다.

"누가 운명을 거절할 수 있을까?"

시인의 물음에 철학자 니체는 답한다. "아모르 파티"Amor fati('운명을 사랑하라'). 라틴어 3대 명언 중 하나다.

단순히 "거절할 수 없지"에서 그치지 말고 오히려 그것을 "사랑하라"라는 거다. 눈물과 슬픔이 그렇다. 그래서 난, 슬픔에 겨워 가슴을 치는 이들에게 참지 말고 울어버리라 한다. 슬픔은 한 번 더 사랑하라고 주어지는 두 번째 기회가 아니던가. 그렇게 말한 나도 따라 운다. 울면서 아내가 내게 했던 말을 떠올린다. "제발 좀 참지 말고 울어보라"라고. "울어야 그놈의 성질도 죽일 수 있다"라고. 아내 말이 맞았다. 악마는 눈물을 흘리지 않는다.

누군가 말했다. 인간이 된다는 것은 "우는 법, 밤을 지새우는 법, 새벽을 기다리는 법을 배우는 것"이라고. 그러고 보니 나는 이제야 인간이 되어가는 중이다.

임종 감독이 되다

"함박웃음, 어머니 시집가시던 날."

"왕 할아버지, 안~녕."

"세 잔의 사과."

"잘 자라, 내 아가!"

"나들이."

영화제목이 아니다. 내가 치른 장례의 주제들이다. 주제만 그렇게 잡은 게 아니다. 장례에 대한 유쾌한 반란을 끝없이 시도하는 중이다. 값비싼 수의 대신 평상복 입기, 종이관 쓰기, 추모단을 살아 있는 꽃으로 꾸미기, 염습을 사후 메이크업으로 바꾸기….

뿐만 아니다. 장례 속에 깊숙이 파고든 성차별을 깨뜨렸다. 사소하게 여기는 작은 질문에서 변화는 시작되었다. "왜 상주는 남자여야만 하지?"

그런 내게 어느 날 '임종 감독'이란 칭호가 따라붙었다. 유족 중 젊은 엄마가 나를 그렇게 불렀다. 틀린 말은 아니었다. 결혼에 웨딩 플래너가 필요하듯 장례에는 '앤딩 플래너'가 있어야 옳다. 이를 민간자격증 코스로 운영하던 터라 '임종 감독'

이란 말이 가슴에 와닿았다.

장례는 그 집안의 마지막 얼굴이다. 장례 속에 고인이 살아온 삶이 고스란히 담긴다. 장례를 소홀히 다룰 수 없는 이유다. 아리스토텔레스는 인간을 '장례를 행하는 동물'이라 했다. 그렇다. 사람은 동물이지만 동물이 사람은 아니다.

임종 감독인 내가 가장 먼저 고민하는 것은 임종 대본이다. 고인이 살아왔던 삶의 스토리가 풍성하면 절반은 성공이다. 유족들이 조연으로 참여한다. 명대사를 고르고 라스트 신을 어떻게 연출해낼 것인지 고민한다. 추모단 세트도 점검해야 한다. 유가족들의 심리 상태도 돌봐야 한다. 영화감독과 다를 바 없다.

같으면서 다른 것이 있다면, 영화감독은 대부분 픽션을 다루지만 임종 감독은 논픽션만 다룬다는 부분이다. 영화는 흥행에 따라 성패가 좌우되고, 장례는 문상객의 (머리 숫자가 아닌) 심장 박동수를 헤아린다. 임종 감독은 세상에서 가장 아름다운 마지막 사랑 이야기를 지켜보는 특권을 누린다. "인생은 원더풀, 떠남은 뷰티풀"의 명장면이 펼쳐진다. 드디어 막이 내린다. 영화의 '엔딩'Ending과 달리 장례는 '앤딩'Anding이다.

장례는 산 자들에게 이렇게 묻는다.

"너희는 행복했는가? 다정했는가? 자상했는가? 남들을 보살피고 동정하고 이해했는가? 너그럽고 잘 베풀었는가? 그리고 무엇보다도 … 사랑했는가?"(쇠렌 키르케고르)

권두
인터뷰

죽은 자가 웃는 장례

김지수

우리 말에 시집살이, 타향살이처럼 있듯이 '죽살이'라는 말도 있어요. 우리는 죽고 사는 것을 한 묶음으로 봤어요. 삶에서 죽음을 떼어놓으면 불안만 커져요. 장례를 통해 죽음이 스며들면, 존중이 생기고 담대해져요.

과거에 장례는 공동체의 몫이었지만, 지금은 병원 사업이 됐어요. 병원 장례식장에서 죽어버린 죽음을 공동체가 심폐소생해야 해요. 교회, 성당, 절, 마을회관에서 충분히 애도하는 장례를 치를 수 있어요.

죽은 자는 말이 없다. 만약 할 수 있다면 장례식장에서 무슨 말을 먼저 할까? 임종 감독 송길원 목사(하이패밀리 대표)는 망자를 대신해서 전한다.

"아니, 왜 꽃을 줬다 뺏나?"

고인의 몸은 없고 영정 사진만 있는 '비대면' 장례식 제단에 조문객들은 국화를 올린다. 제단 위 꽃은 얼마 뒤 내려오고, 다음 사람이 다시 들어 올린다. 고인 편에서는 그야말로 '줬다 뺏었다' 하는 셈.

대형 병원과 상조회사가 '고인의 마지막 가는 길…'이란 말

● 2022년 3월 26일, 〈김지수의 인터스텔라〉에 실린 저자와 김지수 기자와의 인터뷰 원문을 정리해 실었다.

로, 고민 없이 단일화한 장례 절차에는 '고인의 생애와 애도'가 끼어들 틈이 없다. 정신없는 접객, 조문, 국밥, 관과 수의 선택, 3단 5단 화환이 '상조 트랙' 위에서 맹렬하게 돌아간다.

남은 자들끼리 쫓기듯 치른 이 '판에 박힌' 예식은 과연 누구를 위한 것이었을까. 지금의 염습과 완장, 영정과 수의가 예법에 맞기는 한 걸까. '불효자' 소리는 듣기 싫은 경황 없는 사람들에게 남는 것은, '이쑤시개 하나조차도 돈으로 계산된' 장례 청구서.

'작은 장례식 운동'을 펼쳐온 국내 최초의 임종 감독 송길원은 말한다. "과도한 제단부터 없애야 합니다." 그 자리에는 고인의 생애가 요약된 스토리텔링 사진과 유품, 편지 등이 놓인 '메모리얼 테이블'이 있어야 한다고.

"죽음과 장례는 '강렬한 엔딩 신과 명대사'로 기록되어야 합니다. 저라면 이어령 선생님의 장례식에 화환 대신 굴렁쇠를 가져다 놓았을 겁니다. '흙 속에 저 바람 속에'를 컨셉으로, '메멘토 모리'라고 쓰인 작은 유리병에 흙을 담아 조문객들에게 선물로 나눠 줬을 거예요. '모든 것이 선물이었다'라는 말씀을 기억하면서요."

"굴렁쇠, 흙, 메멘토모리, 선물"이라는 단어로 이어령의 생애가 선명하게 요약된 장례가 눈앞에 그려졌다.

아무도 묻지 않은 질문

장례는 엔딩ENDing이 아닌 앤딩ANDing이라고 말하는 '앤딩 플래너' 송길원 목사를 만났다. 양평 청란교회 담임 목사인 그는 수목장 〈소풍 가는 날〉과 어린이 무료 묘원인 〈안데르센 공원 묘원〉을 직접 운영하는 묘지지기이기도 하다. 산 중턱에 부활을 상징하는 푸른 알(청란교회)과 수목장, 어린이 묘지가 이어진 자연 공간은 '생로병사'의 평화가 가득했다. 그는 좋은 죽음 수업을 위해 '시신 냉장고'와 '디지로그 장례식'이 시급하다고 했다.

Q. 목사가 임종 감독으로 나선 이유가 있습니까?

제 어머니가 한때 염장이셨어요. 제가 어머니를 많이 사랑했죠(웃음). '다음 생에선 엄마가 내 아들로 태어나세요'라고 할 만큼.
그런데 10년 전 어머니가 한번 크게 아프셔서 돌아가실 걱정까지 드니, 내 어머니 염습은 누가 하나 싶은 거예요. 낯선 남자에게 맡기는 건 편치 않고. 당시엔 여성 장례지도사도 없어서, 내가 하자 생각했죠. 하지만 덜컥 겁이 났어요. 엄마가 쏟아낸 마지막 분비물을 비위 상하지 않고 혼자 닦고 수습할 수 있을까?

Q. 당시에 어머니와 염습 얘기를 나누셨나요?

그때는 다행히 몸이 회복되셨어요. 그 뒤로 '어머니 염습'은 제 버킷리스트가 되었죠. 그런데 최근 들어 코로나로 염습이 생략되고 급히 화장하는 상황이 곳곳에서 벌어졌잖아요. 어머니께 물어봤죠. "어머니, 염습은 왜 하는 거예요?"

Q. 그러게요. 염습은 왜 하는 거죠?

어머니 말씀이 그러세요. "야야, 시골에 살 때 겨울에 돌아가시면, 아재도 와야 하고 당숙도 와야 해서… 5일, 7일이 훌쩍 가는데, 시신을 아랫목에 두고 군불 때면 썩고 물 흐르고, 난리였다. 산 사람은 살아야 해서 구멍을 다 막았지. 요새처럼 냉장 시설이 잘돼 있으면, 사실 염습을 왜 하겠니?"

Q. 그 질문을 아무도 안 했군요!

그렇죠. 다들 하니 그냥 해야 하는구나 했죠. '왜?'라는 질문을 던지는 게 결국 인문학이잖아요. 그래서 또 물었어요. "어머니, 묶는 건 또 왜 묶어요? 죄수처럼."

"산에 매장할 때 상여꾼들이 가파른 길을 가다 보면 돌부리에 걸려 넘어지곤 했어. 시신이 관 속에서 뒤뚱거리면 상여꾼이 힘들어하니까 묶었지. 지금은 차 타고 가서 화장하는데 왜 묶어? 다 헛짓거리야."

어머니에게 '장례 문화가 바뀌어야 한다'라는 의식은 없었지만, 지금껏 그대로 하는 게 불합리하다는 건 알고 계셨어요. 그래서 애들 장가보낼 때도 "니들 스몰웨딩 해라" 하셨거든요. 장례도 가족장으로 아름다워지려면, '스몰 장례식'이 돼야 하는 거고요.

죽은 자가 중심이 되는 장례식

송길원은 죽음과 장례, 임종 심리를 깊이 공부해 《죽음의 탄생》 등 여러 권의 책을 썼다. 책에는 '장례를 망가뜨린 오적'이 나온다. 장례 오적으로 1) 수의, 2) 염습과 결박, 3) 완장과 굴건, 4) 국화꽃과 조화, 5) 이 모든 것을 모르는 무지를 꼽는다.

단적으로 과거엔 고인이 비단옷을 입었고, 유족은 (부모를 잘 모시지 못한) 죄인이란 의미로 삼베옷을 입었다. 그런데 언제부터인가 고인에게 죄수복인 삼베옷을 입힌다. 원가가 몇만 원에 불과한 중국산 삼베를 수백만 원 바가지까지 쓰며.

© 김지호

○

종교개혁보다 장례 개혁이 더 어렵다는 말도 있다. 송길원 목사는 앤딩 플래너 교육, 메멘토모리 기독 시민연대 등을 통해 장례생태계에 건강한 바람을 일으키고 있다.

염습 또한 원래부터 산 자들의 혐오와 불편을 막기 위해 시작한 느낌이 강해 요즘 같은 장례 문화에서는 간소화되어야 한다. 미라 형태로 싸매는 복잡한 염습은 세계적으로도 유례가 없다. 가벼운 위생처리 후 고인을 편안히 숙면 상태로 관에 모시면 된다고 말한다.

완장이나 리본은 놀랍게도 '조선총독부 의례준칙'에 따른 것이며, 국화꽃 또한 일본 황실의 꽃이다. 우리 전통 장례는 꽃보다 만장●, 병풍 등을 사용했다. 꽃을 쓴다면 생명 없는 조화나 절화 대신 화분이나 고인이 생전에 좋아했던 꽃을 쓰면 된다고 한다. 모두 정신이 번쩍 드는 제안이다.

Q. 기존의 장례 방식이 고정된 예법이 아니라면, 지금부터 새롭게 만들면 되나요? 혹 좋은 모델이 있습니까?

성경의 창세기는 마지막 48, 49, 50장을 장례식으로 끝맺고 있어요. 야곱은 숨을 거두기 전에 자식들을 불러 한 명씩 그에 맞는 축복을 합니다. 그리고 "어디에 어떻게 장사지내라"라고 꼼꼼하게

● 만장(輓章/挽章). 죽은 이를 슬퍼하여 지은 글. 또는 그 글을 비단이나 종이에 적어 기(旗)처럼 만든 것. 주검을 산소로 옮길 때에 상여 뒤에 들고 따라간다. 〔출처: 표준국어대사전〕

'사전장례 의향서'를 불러주지요. 자식들은 아버지의 뜻대로 장사를 지냅니다.

다음은 용서와 화해가 남아요. 야곱의 가정사에는 '가정폭력'의 비극이 있어요. 형들이 요셉을 질투해서 이집트에 팔아넘긴 사건이죠. 아버지가 돌아가신 후 동생의 복수가 두려운 형들을, 요셉이 안심시킵니다. "당신들 자녀까지 내가 다 보살피겠다"라고요. 창세기 마지막 문장은 "요셉도 죽고 입관하였더라"로 끝나요. '끄트머리'라는 말 있지요? 끝이 이렇게 좋은 머리가 되는 거지요.

Q. 생각해보면 어린 시절 장례식에서 보고 들은 체험이 인생 전반에 큰 영향을 미쳤어요.

맞습니다. 저는 장례식이야말로 최고의 '죽음 현장 학습'이라고 생각해요. 어린 시절, 할아버지가 돌아가셨을 때, 학교 선생님이셨던 제 아버지는 학교 운동장이 떠나갈 정도로 크게 우셨어요. 처음 느꼈죠. 죽음이라는 게 있구나. 슬픔이란 이런 거구나.

동네 사람들이 찾아와서 '네 할아버지는 이런 분이었다'라며 좋은 추억을 얘기해주셨어요. 힐링캠프가 따로 없었지요. '죽음이 있다'라는 것을 알면, 아이들도 함부로 생명을 훼손하지 않아요. '학폭'도 자연스레 줄어요.

지인이 초등학교 방과 후 프로그램에서 상여에 매다는 꼭두각시 인형을 만드는 종이접기 수업을 했대요. 아이들이 적어낸 소감문이 파격적이었어요. “친구 괴롭히지 않을래요, 공부 열심히 해서 부모님께 효도할래요…”였어요.

죽음이 삶에 스며들면, 삶이 우울해지는 게 아니라 행복 지수가 올라가요. 사람을 존중하게 되고 험한 소리를 안 하게 되죠.

Q. 하지만 현실에 고착된 병원 중심 장례 문화에서 좋은 ‘죽음 수업’이 가능할까요?

현재로선 ‘웃픈’ 현실이죠(장례업이 철저히 비즈니스가 됐다고 그가 목소리를 높였다). 비용에 거품이 너무 많아요. 제단 장식, 빈소 사용료, 접객비 등등 하다 보면 1,500~2,000만 원이 훌쩍 넘죠. 이름난 대형 병원은 더합니다. 장례 트랙이 한번 돌기 시작하면 유족들은 조문객 접대하느라 혼이 빠져서 고인을 애도할 시간이 없어요. 보는 눈을 의식해서 화환으로 사회적 지위를 과시하고, 이곳저곳 부고를 뿌려 조의금도 받아야죠.

큰일이 났을 때 품앗이하는 상부상조 문화는 필요합니다. 그래서 저는 점차 ‘선(先)장례 후(後)부고’가 정착돼야 한다고 얘기해요. 현장에는 초대받은 가까운 가족들만 와서 깊이 애도하고, 부고는 그 후에 올리는 거죠. 지인들은 발인 날짜에 쫓기지 않고 그 후에라도 십시일반 조의금과 위로를 보태면 돼요. 디지털 조문 문화가 정착돼야죠.

지금이라도 가족장 위주의 '작은 장례식'으로 크기와 의미를 전환해야 합니다. 병원에서만 장례식 하라는 법 있나요? 장례식이 병원으로 간 건 30년도 안 됐어요. 아파트와 공동주택이 일반화되면서 고층에서 관을 계단으로 내리는 게 어려워졌죠. 엘리베이터도 안 되니 곤돌라로 관을 내리다, 빨래 걷던 이웃이 혼비백산하는 일도 생겼고요.

망자의 몸을 보면서 보내는 시간

Q. 임종 감독이 되어 치른 장례는 어땠나요?

저는 고인의 시신을 교회 정원에 마련된 안치실에 모셨어요. 장례식은 교회 공동 공간에서 했죠. 수의도 상복도 평상복으로 했어요. 관은 종이로, 유골함은 한지로 만들었어요. 총비용이 430만 원 정도 들었습니다.

장례의 핵심은 고인의 '이야기'였어요. 컨셉을 '함박웃음'으로 잡

○

고인의 웃는 사진과 손주들의 편지가 놓인 장례식 메모리 테이블. 조문객들에겐 근처 맛집의 식사 쿠폰을 발행했다.

고 웃음이 넘치는 사진들로 메모리얼 테이블을 채웠습니다. 꽃 대신 효자손 꽂고 손주들 편지와 고인의 신발 등 일상 유품을 전시했죠.

벽시계는 고인이 돌아가신 시간에 맞춰놓았어요. 산 자들의 시간에 쫓기지 않았죠. 눈물도 넘치고 웃음도 넘쳤습니다.

○

청란교회 마당에 설치한 망자의 쉴 곳으로, "호텔 막벨라"로 불린다.

Q. 병원 장례식에서 벗어나려면 망자의 몸을 모실 공간이 필요하겠군요.

요즘 김치나 와인 냉장고는 다들 있지요? 마찬가지로 좋은 장례를 위해선 '시신 냉장고'가 필요합니다. 저는 시신 저온 냉장 장치를 '레스텔'RESTel이라고 부릅니다. 저희는 교회 마당에 설치했는데 '호텔 막벨라'(막벨라는 성경에 나오는 인물 아브라함의 가족 묘지였던 동굴이다)라는 이름도 붙였어요.

공공기관에서 이 냉장 장치를 구비한 다음에 원하는 시민에게 빌려주면 교회나 성당, 절, 마을회관 등의 공간에서 가족장례를 치를 수 있어요. 레스텔이 있으면 '고인의 존엄성'이 보장됩니다. 시신 아래 시신 없고 시신 위에 시신 없잖아요. 하지만 병원의 냉장창고에는 시신이 위아래로 가득 쌓여 있거든요.

레스텔로 가족장을 치르면 부패 염려가 없으니 전문 염습을 따로 안 해도 됩니다. 알코올로 몸 닦고 스프레이로 물 뿌려서 머리 빗겨드리고, 흉하지 않게 살짝 분만 발라 드리면 표정이 평온해져요. 관포로 덮고 있다가 '뷰잉'이라는 절차가 되면, 가족과 대면 인사를 하면 됩니다. 그게 고인이 주인공인 장례, 웃으며 떠날 수 있는 작별입니다.

Q. 《잘해봐야 시체가 되겠지만》을 쓴 LA 장의사 케이틀린 도티를 인터뷰했을 때, 그녀도 그러더군요. “가족의 시신을 직접 닦고 돌본 경험을 한 사람은 더 자연스럽게 슬픔을 이길 수 있다”라고. 삶의 유한함을 공유하면서, 생의 감각과 감사가 샘솟는다는 거죠.

그럼요. 죽음을 똑바로 봐야 삶이 이해됩니다.

Q. 점점 더 고인과의 대면 장례로 가는 방향이 맞겠군요.

전 세계에서 비대면 장례를 하는 나라는 우리와 일본밖에 없어요. 시신 없는 장사는 전사자 유고 때밖에 없죠. 다만 대면 장례를 하더라고 시신을 싣고 화장터로 모두 몰려갈 필요는 없다고 봐요. 먼지가 되는 과정을 지키는 건 고된 노동이고 트라우마가 되기도 하니까요. 여건이 되면 장례 전문가가 맡아서 해주는 '선화장 후 발인'을 권합니다.

살아생전, 죽음을 함께 이야기하자

Q. 수목장인 〈소풍 가는 날〉에는 어떤 분들이 옵니까?

누구나 원하면 올 수 있어요. 다행히 자연장지가 조금씩 늘고 있어요. 다만 저희는 몇 가지를 금합니다. 자연을 훼손하는 모든 것은 배제합니다. 줄기를 자른 절화, 죽은 꽃인 조화도 안 돼요. 뿌리를 살린 꽃이나 화분은 환대합니다. 죽음에는 계급이 없으니, 거창한 묘비도 안 돼요.

수목장은 나무 아래 1인당 노트북 사이즈 정도 되는 컴팩트한 자리예요. 요즘엔 그곳에 미리 가묘 자리를 잡고, 가족 단위로 와서 오손도손 자리 배치도 하지요.

Q. 아이들에게 죽음 교육은 어떻게 시키는 게 좋겠습니까?

교장 선생님이셨던 저희 아버지 말씀이, 요즘 아이들이 한글을 다 떼고 오니 초등학교 교사들이 무기력해진대요. 때가 되면 배울 걸, 선행시켜서 교육시스템이 흐트러졌다는 거죠.

죽음 교육도 그래요. 선행할 필요는 없어요. 하지만 때가 되면 배워야죠. 장례식장에서 "할머니는 이런 분이었다"라고 좋은 기억을 계속 발굴해 이야기하고, 아쉬운 게 있었어도 '긍휼의 마음'으로 봐드리고요. 그 귀한 배움을 아이들이 놓치면 안 되죠.

송길원 목사가 운영하는 소아암 환자 무료 묘역인 〈안데르센 묘원〉에는 양부모의 학대로 세상을 떠난 '정인이'가 묻혀 있다. 새벽 2~3시에도 지방에서 찾아오는 엄마들이 줄을 이었고, 아이들은 엄마 손을 잡고 따라와 정인이 무덤 앞에 과자와 선물을 두고 갔다. 그는 이 사건을 통해 우리 사회에 가슴이 살아 있다는 걸 배웠다고 했다. 묘지가 한 사회의 굳은 몸을 심폐소생시켰다고.

"어둠 속에 개가 짖어 밖으로 나가보면, 동이 트기도 전에 각지에서 엄마들이 정인이 묘지를 찾아왔어요. 한 어린아이의 짧았던 생애를 다들 한마음으로 슬퍼했어요."

그렇게 그해 새벽 눈밭에서 방문객들을 맞이하다 동상까지 걸렸단다.

Q. 애도는 어떤 방식으로 하는 것이 좋을까요?

구체적이어야지요. 세월호 사건 때는 제가 팽목항에 하늘 우체통과 등대 트리를 설치했습니다. 당시 저는 대학원에서 '임종 심리'

를 강의하고 있었는데, 100일이 되도록 그곳에 분노와 트라우마만 가득한 게 마음 아팠어요. 그래서 항구에 하늘 우체통을 만들어 설치했습니다. 당시 전국에서 날아든 편지가 수천 통이었어요. 등대에는 계란을 매달아 등불을 밝혔죠. 그때의 편지와 조형물이 아이들의 죽음을 기록하고 기억하게 했어요.

Q. 부모님 장례 계획은 세워놓으셨는지요?

그럼요. 돌아가시기 전에 기력이 있으실 때 '앤딩 파티'를 열어 형제자매, 지인과 정겨웠던 이야기 마음껏 나누게 해드리고 '자랑스러웠다'라고 말씀드릴 겁니다. 임종이 가까워져 오면 '사랑한다'라고 인사하고, 눈감으신 그 날 하루는 가족들과 충분히 애도할 거예요. 날짜 카운트는 다음 날부터 하고 장례식은 가족끼리 작게 치를까 합니다.

'천국 바캉스'라고 컨셉도 잡아놨어요. 노래는, 아버지에게는 평소 흥얼거리시던 '섬마을 선생님'을 틀어드리고, 어머니를 위해서는 자장가를 준비했어요. "자장자장 우리 엄마, 잘도 잔다, 우리 엄마…."

지인들에겐 장례식 사진과 두 분의 생애를 담은 '앤딩 노트'를 공유할 참입니다. '선장례 후부고'로 폐 끼치지 않고, 조의금이 들어온다면 독거노인을 위해 쓰려고 해요. 장담컨대 장례만 잘 치러도 행복 지수가 올라갑니다. 효도하라고 강조할 필요가 없죠. 반대로 장례를 잘 못 치르면 분노가 쌓이고 사회적 비용이 올라가죠.

Q. 그야말로 좋은 장례가 우리의 장래까지 보여주네요.

힐링캠프가 따로 없죠. 거짓되게 살지 말아야겠다, 어머니 따라 더 잘 살아야겠다, 우리 큰 아버지 멋있었다. … 서로 사랑하고 끌어안는 계기가 되는 거죠.

Q. 그럼에도, 부모님 살아계실 때 죽음과 장례 이야기를 나누는 게 조심스럽기도 합니다만.

해보세요. 마다하지 않으실 거예요. 가장 큰 관심사거든요. 저는 어머니 모시고 대학로에서 〈염쟁이 유씨〉 연극도 보고 묻힐 곳도 함께 보러 다녔어요. '종활'(임종 활동)이라고 하죠. 수의는 뭐 입으실래요? 평상복은 어때요? 여쭀더니 어머니가 웃으며 그러세요. "역시, 우리 장남이 최고다!"

Q. 어른도 아이도 죽음 이야기를 피할 것 같은데, 아니었군요. 어차피 우리의 무의식은 끝없이 죽음을 생각하니 서로 이야기를 나누는 게 맞을 듯합니다.

우리 말에 시집살이, 타향살이처럼 있듯이 '죽살이'라는 말도 있어요. 우리는 죽고 사는 것을 한 묶음으로 봤어요. 삶에서 죽음을 떼어놓으면 불안만 커져요. 장례를 통해 죽음이 스며들면, 존중이 생기고 담대해져요. 죽음과 삶도 통합하는데, 사회 통합이 뭐 어렵겠습니까?

마지막을 함께 기억하는 가장 좋은 방법

Q. 기억에 남는 아름다운 장례가 있습니까?

제가 말기 암 환자들의 소원을 들어주는 <앰뷸러스 소원재단> 활동을 시작했어요. 최근에는 죽기 전에 을왕리 해수욕장에서 노을 한번 보고 싶다는 분의 소원을 들어드렸어요. 그분이 병원에 돌아와서 호흡기를 낀 채 가족과 세족식을 했어요. 당신은 기력이 달려 못하고 아내와 딸이 발을 씻겨드렸죠.

그렇게 작별을 하고 눈을 감았습니다. 그분 장례식장에 동백꽃 화분을 놓아드렸어요. 딸이 영정 사진을 들고 아내가 유골함을 들고 따랐어요. 상주는 남자가 맡아야 한다는 편견이 깨졌죠. 장례에는 인간과 인간이 있을 뿐, 남자와 여자의 차별은 없습니다. 제가 그 분께 동백으로 훈장을 드렸어요(웃음). 인간답게 존엄하게 잘 돌아가셨다고요.

장례식은 고인이 주인공인 영화를 찍는 것과 같다고 했다. 코스모스를 좋아하면 코스모스로 공간을 꾸미고, 윷놀이를 좋아했으면 입구에 윷놀이판을 설치해도 좋다고. 절대 빠져서는 안 될 것은 '추모사'라고 했다.

Q. 보통 사람의 장례식에도 추모사가 꼭 필요한가요?

그럼요. 모든 영화는 라스트 신과 명대사로 기억되죠. 인간의 마지막도 그렇습니다. 임종 감독으로 제가 추적하는 것도 바로 한 인간이 남긴 명대사예요. 우리는 그걸 추모사로 들어야 해요.

반목이 컸던 가족이라도 아이가 읽은 추모 편지 한 장에, 서로 마음을 돌이키고 부둥켜안습니다. "미안하다, 고마웠다"라고. 짧은 한마디가 모두를 울려요.

Q. 마지막으로 어떻게 하면 고인이 주인공인 장례식이 정착될 수 있을까요?

과거에 장례는 공동체의 몫이었지만, 지금은 병원 사업이 됐어요. 병원 장례식장에서 죽어버린 죽음을 공동체가 심폐소생해야 해요. 교회, 성당, 절, 마을회관에서 충분히 애도하는 장례를 치를 수 있어요. 가족 단위로 작게 치르면 됩니다. 시신 저온 냉장 장치는 대기업 등에서 사회적 자원으로 기부해주면 좋겠습니다.

24년 전에 SK그룹 최종현 회장이 매장이 아닌 화장을 선택하면서 단번에 문화가 바뀌었어요. 그리고 놀랍게도 한 세대 만에 화장이 정착됐어요. 지금 코로나라는 또 한 번의 변곡점으로 무염습, 선화장 등 많은 것이 바뀌고 있습니다. 희망이 있어요. 꽃보다 고인이 주인공으로 치러지는 장례가 머지않았습니다. 사례가 모이면 범례가 되고, 범례가 모이면 곧 표준이 되겠지요.

제1장

이어령, 죽음의 스승이 되다

"지금은 … 병 고쳐달라는 기도는 안 해요. 나의 기도는 이것이에요. '어느 날 문득 눈뜨지 않게 해주소서.' 내가 갈피를 넘기던 책, 내가 쓰던 차가운 컴퓨터… 그 일상에 둘러싸여 눈을 감고 싶어요."

그렇게 해서 선생은 '당하는 죽음'이 아닌 '맞이하는 죽음'의 롤 모델이 되었다.

새뮤얼 존슨은 1709년 영국 리치필드에서 태어났다. 그가 눈을 감은 것은 1784년이었다. 75년을 살았다. 당시로는 꽤 장수한 셈이었다.

죽기 며칠 전, 주치의가 그에게 곧 죽음이 찾아온다고 말했다. 존슨은 '바보 같은 상태'로 신(神)을 만나고 싶진 않으니 더 이상 아편을 주입하지 말아달라고 했다. 다리에 고인 물을 빼내기 위해 의사가 다리를 절개하자 외쳤다.

"더 깊게, 더 깊게요. 난 살 만큼 살고 싶은데, 의사 선생은 내가 아플까 봐 겁을 내는군요. 전혀 고맙지 않아요."

나중에 존슨은 물을 더 빼낼 요량으로 가위를 얻어서 자기 다리를 찌르기도 했다. 죽음을 앞두고 그가 한 선언은 삶을 대하는 그의 자세와 연장선에 있다.

"정복당했으면 당했지 스스로 굴복하지는 않을 거야."

이 시대의 지성으로 불린 이어령 선생이 그랬다.

선생의 큰아들 이승무(한국예술종합학교 영상원 교수)는 이렇게 증언한다.

"임종을 일부러 멋있게 표현하는 건 아버지도 좋아하지 않으시겠지만, 아버지는 마치 죽음과 흥미로운 대결을 한번 하시는 듯하다가 편안히 숨을 거두셨다."

아들은 아버지가 마지막 순간까지 죽음을 관찰하는 모습을 지켜봤다.

"죽음이 어떻게 생겼는지 한번 봐야겠다는 표정이었다. 허공을 아주 또렷하게 30분 정도 응시하시더라. 마치 아주 재미있는 걸 지켜보시는 듯한 표정이었다. 어떻게 보면 황홀한 얼굴이었다."

선생은 2017년 췌장암 판정을 받은 뒤 발병 사실을 공개했다. 두 차례 수술을 받은 뒤에는 더 이상 항암치료를 받지 않겠다고 다짐했다. 자신에게 허락된 남은 시간을 삶을 정리하는 데 쓰고 싶어 했다. 책이나 인터뷰 등으로 이야기를 남겼다. 선생은 죽음에 대한 성찰을 공유해 우리 삶을 돌아보도록 했다.

"희랍어에서 온 단어 자궁womb과 무덤tomb은 놀랄 만큼 닮았다. 인간은 태어나는 게 죽는 거다. 까칠한 수의와 기저귀는 닮지 않았나. 죽음은 인간을 멸하는 게 아니라 풍요하게 만든다."

죽음에 대한 선생의 생각은 명징했다. 그가 소원하는 것이 하나 있었다.

"옛날엔 나는 약하니 욥이 겪은 시험에는 들지 말게 해달라고 기도했지요. 지금은 … 병 고쳐달라는 기도는 안 해요. 역사적으로도 부활 기적은 오로지 예수 한 분뿐이니까. 나의 기도는 이것이에요. '어느 날 문득 눈뜨지 않게 해주소서.' 내가 갈피를 넘기던 책, 내가 쓰던 차가운 컴퓨터… 그 일상에 둘러싸여 눈을 감고 싶어요."

선생은 병원에서 태어나고 거기서 죽는 대신, 죽음을 평화롭게 받아들이는 모습을 보이고 싶어 했다. 이런 그의 평소 소원대로 병실이 아닌 서울 종로구 평창동 자택에서 평소처럼 자신의 일을 하다 마지막 순간을 맞이했다.

2월 26일 낮 12시경, 숨을 거두기 한 시간 전에는 손주들과 영상 통화도 했다. 마침 미국에 있는 두 손주와 연결이 되었다. 말을 뱉을 기운이 없었던 고인은 낮게 손을 들어 흔들며 인사를 건넸다. 아들이 전하는 선생의 마지막은 참 아름다웠다.

"웃는 얼굴로 정말 기뻐하시는 모습을 봤다."

그렇게 해서 선생은 '당하는 죽음'이 아닌 '맞이하는 죽음'의 롤 모델이 되었다.

죽음에 대해 질문을 받은 유대인 랍비가 말했다. "유대인들은 생일은 기념하지 않고, 그 사람이 죽은 날만 기억해요. 사람이 죽고 나서야 그 사람이 가치 있는 삶을 살았는지를 알 수 있기 때문이죠."

2022년 2월 26일.

우리는 선생의 태어난 날은 놓쳐도 세상을 떠난 날은 또렷이 기억할 것이다.

'죽음의 스승'의 장례는 이래선 안 되었다

"나비처럼 날아서 벌처럼 쏘겠다."

권투의 전설, 알리Muhammad Ali(1942~2016)가 한 말이다. 그의 말은 세계인들의 뇌리에 깊숙이 박혔다. 언어의 강펀치였다. 그는 무대 위에서나 무대 밖에서 비유의 대가였다.

"나는 악어와 레슬링을 했고 고래와 몸싸움을 벌였으며 번개를 잡고 그 번개를 감옥에 던졌다. 바로 저번 주에는 돌멩이를 죽였고 바위를 다치게 했으며 벽돌을 응급실로 보냈다. 내 포스는 약도 아프게 만든다."

경기에 앞선 기자회견에서는 이렇게 소리쳤다.

"리스턴은 허깨비야. 난 이 애송이 녀석을 화성 너머 목성까지 날려버릴 거야."

알리는 특유의 독설로 상대를 자극했고 대중을 선동했다.

디지로그digilog, 생명자본, 시학(詩學)과 신학(神學)….

2022년 2월 26일, 운명을 달리한 이어령 선생(1934~2022) 역시 언어의 직조공이었다. 그가 내뱉은 말은 대중의 생각이 되었고 사상으로 자리 잡았다. 소설가 조정래의 말처럼 민족문화의 개척자, 신개념의 구축자, 언어의 연금술사, 문·사·철의 통달자, 강연의 달인이었다.

그는 숱한 사람에게 이처럼 언어 세례를 베풀었다. 나 역시 그에게서 세례를 받았다. 어떤 신학자도 보지 못하는 눈으로 성경을 재해석했다.

"아담과 이브가 선악과를 따 먹는 게 식(食)이잖아. 선악과를 먹고 창피해서 무화과 잎으로 몸을 가렸어. 그게 의(衣)지. 그리고 하나님이 '너 어디 있느냐'라고 물으시니 덤불 속에 숨었는데 그게 주(住)라고."

그의 성경해석에 나는 혀를 내둘렀다. 뇌에 뿌리 깊이 박혀 있던 의식주(衣食住)가 식의주(食衣住)로 바뀐 순간이었다. 단순한 순서가 아닌 뇌 구조의 지각변동이었다.

영원한 챔피언, 알리는 죽음과 맞짱을 떴다. 그는 무려 8년 동안이나 자신의 장례식을 계획했다. 흑인 복서이자 무슬림으로서 자신에게 주어진 상징적 의미를 잘 알았다. 이어령 선생도 생의 마지막에 자신의 죽음과 맞닥뜨렸다. 피하지 않았다. 일체의 항암치료나 투약을 거부한 채 죽음을 응시했다. 그가 남긴 마지막 저작이 《메멘토 모리》였다. 그의 '마지막 수업'은 죽음이었다. 그렇게 해서 선생은 '시대의 지성'으로 살다 '죽음의 스승'으로 떠났다. 알리가 그랬던 것처럼 선생도 장례에 대한 확고한 의사를 밝혔다. 《조선비즈》의 김지수 기자가 물었다.

"장례식은 어떻게 하고 싶으신데요?"

"집에서 몇 사람만 딱 불러서 가볍게 하고 싶어. 왜 다들 마지막 가는 길을 무겁게 하고 가나? 병원으로 왜 불러? 병원이 사람 고치는 데지, 장례하는 데야? 화환 길게 줄 세우고 한쪽에는 환자들, 한쪽에는 죽어서 나가는 사람들… 그런 나라가 전 세계에 어딨나?"

선생은 달랐다. 고령에도 녹슬지 않을 수 있구나. 문명과 문화의 비평가답게 그가 남긴 장례비평에 탄복했다. 김 기자가 다시 물었다.

"그래서 미리 말씀은 해두셨어요?"

"나는 살던 자리에서 죽을 거라네. 나랑 생활하던 사람이 마지막 눈을 감겨줄 테지. 알지도 못하는 사람들이 몰려와 꽃다발 놓지 말게 하라고 했어. 장례식장 가면 옆에서는 목탁 두드리고 건너에서는 찬송가 부르고 저쪽에서는 화투 치고…. 먹기는 왜들 그렇게 먹어. 장례식 와서 왜 그렇게 먹냐고. 조용히 여기 뜰에 몇 사람 오면, 내가 좋아하는 노래나 틀어놓으라고."

_《이어령의 마지막 수업》에서

그런데 본인 의사와는 달리 그의 장례식은 도돌이표가 되었다. 임종 감독으로서 내가 가장 안타까워하는 부분이다. 굴렁쇠로 전 세계를 숨죽이게 했던 연출이 떠올랐다. 선생을 따르는 문화기획자들이 끼어들 틈이 없었던 것일까? 아니면 천 년 동안 변하지 않는 장례문화의 뿌리가 그토록 지독한 건가? 부음 소식을 듣고 떠나보내는 닷새 내내 그의 죽음만큼 가슴 아팠다.

10년이면 강산도 변한다고 했다. 그런데 10년 전, 딸 민아 목사를 떠나보낼 때의 장례식과 전혀 다르지 않은 판박이였다. 같은 장소, 오른편에 세워진 '이명박 대통령'이 '이명박 전 대통령'으로 바뀌고 꽃송이가 달라진 것 말고는 없었다. 더더구나 그 자유로운 영혼을 영정사진 띠로 가둘 일은 뭔가? 유족들의

팔에 계급장처럼 붙은 완장은?●

'사진 완장'에 이어 팔뚝 완장에 계급장을 단다. 넉 줄 완장은 맏상주가, 석 줄은 나머지 아들들이, 두 줄은 사위가, 한 줄은 손자 · 형제 순이다. 장의업자들은 이런 게 마치 전통인 양 통용되도록 만들어냈다.

'죽음의 스승'이 된 선생은 어느 날 자신을 "아무것도 없는 벌판에 집을 세우러 가는 목수"라고 했다. 이어 목수는 "집을 짓는 사람이지 새집에 들어와 사는 사람은 아니"라며 세워놓고 떠나면 그때 집 주인이 올 것이라 했다. 나는 이 말에 희망을 건다.

그가 세워놓고 떠난 '죽음의 집, 장례'.

새 주인이 낡은 가구는 집어치우고 새 가구로 새 단장을 꾸며야 할 것이라고.

그를 안타까움으로 떠나보낸 자들에게 남긴 과제다.

● 죄수(罪囚)의 수(囚) 자는 '죄인 수', '가둘 수'다. 시신의 결박까지도 모자라 영정까지 검은 띠로 가둔다. 또 한 번 죄인이 된다. 두 번의 죽음이다.
수화물 꼬리표 같은 상장(喪章)도 그렇다. 상장과 완장은 항일인사들이 장례식에 모여 집회를 열지 못하도록 도입된 것으로 추정된다. 광복 이후에도 없어지지 않았다. 1969년 〈가정의례준칙〉은 삼베로 만든 상장을 가슴에 달도록 '규정'했다. 2009년 〈건전 가정의례준칙〉에도 상장 조항이 있다. 완장은 가정의례준칙에선 빠졌지만 끈질기게 살아남았다.

디지로그 장례식은 따로 있다

알리는 은퇴 3년 만인 1984년, 파킨슨병 진단을 받고 투병 생활을 했다. 애리조나주 피닉스의 한 병원이었다. "상대방을 KO시킬 뿐 아니라 눕히고 싶은 라운드는 내가 정한다"라던 알리도 죽음을 상대할 수는 없었다. 74세에 그는 KO패를 당했다.

장례를 위해 고향 캔터키주로 시신을 옮겨야 했다. 알리의 장례식은 밥 거널이 총괄했다. 그가 임종 감독이었다. 알리의 가족과 측근을 태운 전용기에서 알리의 죽음을 알렸다. 이 모든 시나리오는 장례 매뉴얼을 담은 《더 북The Book》에 들어 있었다. 알리가 직접 계획한 것이었다.

장례의 하이라이트는 8만 8,000장의 장미꽃잎이었다. 꽃잎은 운구 차량을 위한 레드카펫이 됐다(구글에서 "알리 운구차량"으로 검색해보라). 이 역시 플로리스트인 매기 카사로가 기획한 '장례 프로젝트'의 일부였다.

한국이라면 어떨까? 장례의향서는커녕 유언도 없다. 영원히 살 것처럼 버티다가 창졸간에 떠난다. 해맞이, 달맞이는 있어도 죽음맞이는 없다. 미국 대통령은 취임 순간 '죽음 계획'을 세운다. 대통령 유고 상황은 국가적 재난이기 때문이다. 대통령의 장례는 자신을 선출해준 국민과의 마지막 대화다. 그래서 엄중하다. 나라의 품격이 담긴다. 죽음이 그 나라의 역사가 되고 유산이 된다.

벤저민 프랭클린은 "준비의 실패는 실패를 준비하는 것"이라고 말했다. 장례식이 그렇다. 만약 내게 임종 감독의 기회가 주어졌다면 나는 장례의 주제부터 찾았을 것이다.

《흙 속에 저 바람 속에In this Earth in that Wind》.

이어령 선생의 저작에서 따왔다. 한국 문화의 본질을 파고든 명저다. 영어판으로도 나왔으니 해외에 그의 죽음을 알리는 데에도 이보다 좋을 순 없겠다. 제목에 담긴 은유는 많은 사유를 불러일으킨다.

장례의 성격은 주저 없이 '디지로그 장례'로 끌어낼 것이다. 생전에 선생께선 디지로그digilog를 이렇게 풀이했다.

> 산동네 위의 집이라도 올라가는 방법이 다르지. 언덕으로 올라가면 동선이 죽 이어져 흐르니 그건 아날로그야. 계단으로 올라가면 정확한 계단의 숫자가 나오니 그건 디지털이네. 만약 언덕과 계단이 동시에 있다면 그게 디지로그야.
>
> _《이어령의 마지막 수업》에서

내 방식대로 이해하자면 '양자택일'either or의 모던modern을 '둘 모두'both and의 포스트모던 사고로 전환하라는 것 아닌가? 선생께서 즐기시던 기호학 사고로 말하자면, 뼛속 깊이 박힌 전통 장례의 DNA를 바꾸어야 한다. 어떻게 하냐고? 'DNA'를 거꾸로 쓰면 'AND'가 된다. 그때 DNA조차도 바뀌는 기적을 경험할 수 있다.

선생은 이미 20대에 문학계에 평지풍파를 일으킨 '앙팡 테리블'enfant terrible이었다. 그의 죽음과 장례는 천년의 한국 문화를 새롭게 일구는 아방가르드avant-garde여야 한다. 그래야 이어령답다.

나는 그것을 '생전식'(生前式)으로 요약하고 싶다. 살아 있는 동안 장례식을 미리 치르는 것이다. '앤딩 파티'라 해도 좋다. 다른 사람은 몰라도 그가 이런 장례식을 했다면 우리 장례문화의 변곡점이 되었을 것이다. 실제로 선생께선 죽음을 직감하고 기억나는 사람들을 한 명씩 불러 이야기도 나누었고 작별도 했다. 잠들지 못한 새벽녘에 전화도 거셨다. 바로 그들을 불러 모아 '안녕'의 작별인사를 나눈다. 스스로 장례 집전이다. 올림픽 기획보다 더한 한편의 장엄한 드라마다. 참석하지 못한 이들을 위해 온라인 송출도 하고 유튜브로 남긴다. 이야말로 디지로그, 온오프On-off다.

선생께선 눈감기 전에 꼭 보고 싶은 사람이 있다고 김지수 기자에게 말했다.

오래전, 숙명여대에서 강연하고 내려오던 때였다. 여학생 한 명이 발을 동동 구르며 주차장에서 그를 기다리고 있었단다.

"추위에 얼굴이 파래져서, 나한테 꼭 할 말이 있다는 거야. 눈물이 그렁그렁해서 그러더군. '선생님, 돌아가시면 안 돼요!' 생뚱맞은 말에 나는 몹시 당황했네. 그래서 그만 차갑게 툭 던지고 말았지. '학생! 그게 뭔 소린가? 죽고 사는 문제를 어떻게 내 맘대로 하나?'"

선생은 오래전에 스무 살이었던 그 여학생을 다시 만나 이야기해주고 싶다고 했다. 그때 그렇게 매정하게 떠나는 게 아니었다며. 30분 넘게 추위에 덜덜 떨며 당신을 기다리던 그 아이에게 이렇게 말했어야 했다고.

"걱정하지 마. 나 절대로 안 죽어."

그 소녀를 초청해 이 말을 직접 들려주었다면 어땠을까? 이때 선생의 죽음은 웰-다잉well-dying이 아닌 힐-다잉heal-dying이 되었을 거다. 그리고 실제 장례식은 조용히 가족장으로 치르는 것이다. 완벽한 디지로그 장례 아닌가.

또 있다. 선생께선 프랑스 대혁명을 배경으로 한 《레미제라블》을 재해석한다. 주인공 장발장을 구제한 것은 '자유·평등·

박애'라는 거창한 혁명 구호가 아닌, 인간에 대한 사랑이었다. 혁명 스토리가 아닌 사랑 스토리라는 거다. 그는 생명과 사랑에서 새 자본주의의 미래를 찾아야 한다고 했다.

대표적인 것이 품앗이다. 어려울 때 함께한다. 앞서거니 뒤서거니 돌봄을 베푼다. 결혼식 때 축의금과 장례식 때의 부의금이 대표적이다. 한국의 아름다운 전통이다. 생명 자본주의의 씨앗과도 같다. 선생은 프랑스 대혁명을 비롯한 역사를 뒤흔드는 수많은 사건이 있었지만 아직도 주변에는 굶는 사람들이 있다고 했다.

어떤 장례식장을 가면 품앗이가 사라진 경우를 종종 본다. '부의금은 사양합니다.' 나도 모르게 놀란다. 살 만한 사람들의 허세처럼 보이기도 한다. 차라리 "이번 부의금은 전쟁으로 피흘리는 우크라이나의 어린 생명들을 위해 쓰겠습니다"라고 하면 얼마나 좋았을까?

과거에 미래가 있다. 아날로그 품앗이를 생명 살리는 도네이션으로 끌어낸다면 이것이야말로 디지로그 장례가 아닐까? 그렇게 드리는 생애 마지막 기부는 '장기기증' 못지않게 멋있다.

나의 장례 매뉴얼 《더 북》에는 더 많은 디테일을 담고 싶다. 선생이 고르지 못한 마지막 음악은 지강유철에게 부탁할 것이다. 아마 오랫동안 알고 지냈기에 가장 적절한 곡을 선택해줄

드로잉은 정택영 화백이 그린 것이다. 자기 식의 추모였다.
내겐 가장 정성스러운 추모로 보였다.

것이다. 장례식장에는 모든 꽃장식을 배제하고 굴렁쇠 하나 갖다 놓으면 되겠다. 그리고 추모테이블 하나 놓고 싶다. 선생이 쓰셨던 펜, 친필 메모지, 몇 가지 애장품…. 오로지 이 · 어 · 령 이름 석 자만 떠오르는 기억의 장치를 만들 것이다.

방문객들에게는 소박한 선물 하나씩을 나누어 주고 싶다. 선생께서 쓴 '메멘토 모리'란 글씨가 새겨진 작은 병에 흙을 담아 건네는 거다.

나는 이런 장례를 'K-장례'라고 이름 붙여보았다. 만약 그렇게만 되었다면 이어령은 K-장례의 아이돌이 되고, 세계는 K-팝처럼 K-장례를 따라 했을 것이다.

장례, 다시 치를 수는 없을까? 혼자만의 생각이다.

세잔의 사과,
장례에 주제를 담아내다

○

폴 세잔, 〈사과가 있는 정물Still Life with Apples〉, 1895-98년작

자식을 잃은 아버지는 바닷가로 나간다. 파도를 바라보며 중얼거린다.

"나는 파도만 보았지. 파도를 일으키는 바람을 보지 못했어."(영화 〈관상〉에서)

남의 관상(觀相)은 보면서 정작 자신의 앞날은 내다보지 못한 데 대한 탄식이었다.

'현대 미술의 아버지'로 불리는 프랑스 출신 화가 폴 세잔Paul Cézanne(1839~1906)은 자신을 '실패한 화가'로 여겼다. 파리의 살롱은 그를 인정하지 않았다. 세잔은 다짐한다. '사과로 파리를 놀라게 하겠다.' 그는 무려 40년 동안 사과를 그린다.

왜 사과였을까? 일단 잘 썩지 않아 오래 관찰할 수 있었다. 위치를 이리저리 바꿔도 말 한 마디 없었다. 완벽한 모델이었다. 말년 대표작은 한 화면 안에 다양한 시점이 존재한다. 가운데 높이 솟은 과일 그릇, 쏟아질 것 같은 왼쪽 접시의 사과들, 오른쪽 물병 주변의 과일들….

○

구겨지고 헤진 옷이 굴곡진 97년 인생을 상징한다. 고인이 걸쳤던 마지막 옷이다. 뒹구는 듯 우뚝 선, 멍들기도 했으면서 바래지 않은 사과의 빛이 고인의 눈빛처럼 영롱하다. 비망록과 같았을 수첩에 꽂힌 작은 사진 한 장! 아들에 대한 기도, 눈물, 소망이었다. 며느리는 그 사진을 발견하고 하염없이 울었단다. 이 마음을 담아내기 위해 나와 내 아내는 여러 날을 고민하고 함께 꾸몄다.

장례식장에 웬 사과 장식이냐고 할 사람이 있을 것이다. '사과'만 보지 말고 사과를 만들어낸 태양과 비바람을 보라는 거다. 사과가 맞이했을 태풍, 천둥, 번개, 땡볕…. 장석주 시인은 대추 하나를 놓고 이렇게 말한다. "대추가 저절로 붉어질 리는 없다. 저 안에 태풍 몇 개. 저 안에 천둥 몇 개, 저 안에 번개 몇 개가 들어서서 붉게 익히는 것일 게다."

'세잔의 사과'를 떠올리게 하는 장례식장의 사과가 속삭인다.

'태양과 비바람, 병충해와 화해하지 않고 익은 과일은 없다'라고.

헨리 나우웬은 가장 좋은 죽음은 다른 사람과 결속(結束)하게 하는 죽음이라 했다. 결속의 키워드는 용서와 화해다. 이때 장례는 축제가 된다.

장례의 품격을 생각하다

1883년, 조선 최초의 외교사절단 보빙사(報聘使)의 정사(正使) 민영익(閔泳翊)이 태평양을 건넌다. 미국으로 가는 배 안에서 그는 내내 유학(儒學) 책을 읽었다.

드디어 9월 18일, 뉴욕의 한 호텔 대회의장에서 미국 21대 대통령 체스터 아서Chester A. Arthur를 만난다. 그가 비스듬히 지켜보는 가운데 민영익은 마룻바닥에 엎드려 '머리를 조아려' 예를 올린다.

요즘 말로 참 '웃픈' 이야기다. 그로부터 1세기 하고도 반세기를 눈앞에 두고 있는데 우리는 여전히 '넙죽 절'에서 벗어나지 못하고 있다. 매너 선생 신성대는 이를 정확히 꼬집는다. 코가 땅바닥에 닿도록 납작 엎드려 절하는 민족은 전 세계에서 한국과 일본뿐이라고. 동양 예법의 종주국 중국에서도 이런 인사법은 없다. 왜 이 두 나라만 그 같은 인사법이 일상화되었을까? 그는 한 칼럼에서 이렇게 정리한다.

> 첫째 원인은 오랜 사대(事大) 문화 때문이겠고, 다음은 신을 벗고 들어가야 하는 '온돌방과 다다미방' 때문일 것이다. 특히 한민족은 중국인보다 더 납작 엎드려 그들이 보기에 기특할 정도

로 예의 바른 오랑캐라는 인식을 심어주려 했던 것 같다. 동방예의지국이란 곧 동방배례지국(東方拜禮之國)인 셈이다. 그렇게 해서라도 오랑캐 딱지를 떼고 문명국으로 대접받고 싶었던 것이다.

만약 이 글을 이어령 선생이 접했다면 어떻게 반응하셨을까? 선생은 노태우 정부가 들어서면서 문공부 장관 제의를 받았지만 '공보'가 싫어 거절하셨단다. 후에 순수 '문화부'로 정부조직이 개편되었을 때에야 장관으로 취임하셨다. 본인도 초대 문화부장관 칭호를 자랑스러워하셨던 것 같다. 그 많은 칭호 중 위패에 새겨진 '문화부장관 이어령'이 그것을 말해준다.

선생은 실제로 많은 문화 변혁을 시도했다. 노견(路肩)을 '갓길'로 바꿔 부르는 일에서부터 문화의식을 심는 데 천착했다. "움직이는 미술관 · 도서관 · 박물관 · 음악당"이라는 이름으로 병원, 고아원, 요양소를 방문하여, 문화예술을 접하게 한 것도 선생 작품이었다.

전해 들은 바로는 '장례문화제'를 염두에 두고 고민했다고 한다. 나는 선생이 가장 먼저 바꾸고 싶었던 것이 무엇일지 헤아려 보았다. 깊이 고민할 필요가 없었다. 문명사회가 왔는데도 사라지지 않고 살아 있던 '납작 인사'였을 것이다. 변방의 작은 나라가 이제는 글로벌 문화 중심에 우뚝 섰다. 그런데도 매너만큼은 국제 표준을 따르지 못한다. 대표적인 것이 악수와 절을 동시에 하는 것이다. 이 역시 웃프다. 아직도 눈 맞춤이 서툴다.

키케로는 "모든 것은 얼굴에 있다"라고 했다. 심지어 에마뉘엘 레비나스Emmanuel Levinas는 타자의 얼굴은 신(神)이 말하는 장소라고까지 말했다. 눈을 마주쳐 마음을 비춰주는 애도가 가장 진정한 애도다. 선생이 말한 '눈물 한 방울' 말이다. 선생은 자신의 쓴 희곡이 무대에 올라갈 때 연기지도, 무대감독까지 도맡았다고 했다.

> 비가 지붕에서 떨어지면 카메라 아래로 내려가라…. 하수구에서 삽질하는 사람, 골목 끝 빨간 레인코트 입고 싹 지나가는 유치원생을 잡아라. … 당시만 해도 필름 값 아까워 못 찍던 이미지컷을 내가 감독 쫓아다니며 찍으라고 성화를 했었어(웃음).
> _《이어령의 마지막 수업》에서

선생이 임종 감독을 맡았다면 아마도 가장 많이 성화를 부렸을 것이 도우미 출연 거부가 아니었을까? 언제부터인가 우리네 장례는 도우미들 무대가 되고 말았다. 배우는 우선 얼굴이

예뻐야 한다. 하지만 모델은 미모를 기준 삼지 않는다. 모델의 사명은 걸친 옷을 빛나게 하는 것이다. 도우미도 그렇다. 앞에서 설치면 안 된다. 그림자처럼 도움을 주어야 한다. 그런데도 도우미들이 나서서 영정 사진을 가로막는다. 앞장서 조문 행렬을 이끌고 지휘한다. 이런 것을 꼴불견이라 한다.

거기다가 운구 일은 정말 가관이다. 마치 짐짝 끌어내듯 관을 무릎 높이로 눕혀 든다. 전통적으로 상여는 어깨 위로 울러맸다. 정승 행차도 상여 앞에서는 멈춰 섰다. 신분이 천하거나 행악자였더라도 고개를 숙였다. 장례를 통해 인간 존엄성이 드러나게 하는 가장 뛰어난 상징이다. 이를 디그니티dignity(위엄·품위)라고 한다. 《왕의 남자》에서 주인공 장생이 뇌까린다. "세상은 왕 맘이지만, 놀이판은 내 맘이니 한번 해본 소리예요. 누구 맘대로? 세상은 왕 맘이지만, 놀이판에선 아냐." 그렇다. 줄 위에서는 광대가 왕이듯 죽음 앞에서는 죽은 자가 왕이 맞다. 바꿀 문화가 한둘이 아니다.

디지로그 장례를 이야기할 때 가장 탁월하게 여겨지는 것이 병풍과 레스텔RESTel이다. 병풍이 뭔가? 집 안에 들여놓은 '자연'이다. 산수화의 '예술'이고 고사성어로 가득 찬 '인문학'의 정수다. 생애 첫해를 맞이하는 돌잔치를 우리는 병풍 앞에서 벌였다. 혼인식도 회갑연도 병풍을 펼치고서야 시작되었다.

죽음이 찾아왔을 때는? 이번에는 병풍 앞이 아닌 그 뒤로 주검을 안치했다. 이처럼 병풍은 삶과 죽음의 경계선 역할을 도맡았다. 여기에 시신 저온냉장장치인 레스텔이 함께한다. 완벽한 디지로그다. 이렇게 하면 지금의 화려한 허깨비 꽃장식도 사라진다. 망자와 비대면으로 조문하는 나라는 일본과 한국밖에 없다지 않은가?

장례란 산 자와 죽은 자가 대면하여 이별을 고하는 의식이다. 이래서 서구에서는 고인을 친견(親見)viewing하는 일을 가장 중요하게 여긴다. 우리도 그랬다. 그곳이 빈소(殯所, 상여가 나갈 때까지 관을 놓아두는 방)였다. 옛날에 우리는 빈소에 고인을 모시고 장례 기간 중에 상주가 지켰다. 이제 빈소는 그 자취조차 사라졌다.

지금은 분향실과 안치실(정확하게는 '시신 창고')로 나누어졌고 추모객 접객실도 따로 있다. 시신은 사물함에 포개서 보관한다. 다름 아닌 '시신 창고'다. 고인도 없는 곳에 멋쩍은 영정사진을 놓고 꽃 잔치로 장례를 치른다. 조화(弔花)도 이미 준비해 놓은 것을 줬다 빼앗다를 되풀이한다. 그러면서 장례비는 뻥튀기가 된다. 단골도 고객도 없는 유일한 장사다.

하지만 병풍과 레스텔 하나면 지금의 폐해를 한 방에 날려 보낼 수 있다. 선생이 싫어했던 '병원 영안실' 장례가 아닌 마

○
과거 상여를 메고 나갈 때는 반드시 울러 맸다. 고인에 대한 최고의 존엄함을 표현하기 위함이었다.

을회관, 교회, 성당과 같은 공공시설을 다양하게 이용할 수 있다. 스몰 웨딩처럼 작은 장례식이 들불처럼 번져갈 수 있다. 선생이 못다 하신 장례문화 변혁이 가능해진다.

선생은 장관 재직시절 직원들에게 문화의식을 독려했다. "문화는 바람개비 효과를 가져옵니다. 바람이 바람개비를 돌게 하듯이 여러분은 바람이 되어야 합니다. 여러분은 정치경제처럼 딱딱한 현실(바위)에 이끼같이 포근한 문화를 입히는 전달자가 되어야 합니다. 여러분은 우물물을 퍼 올리는 두레박, 자

○

줄리안 클레어Julian Clare 아일랜드 대사가 하이패밀리에 준비된 정원형 레스텔을 흥미롭게 살펴보고 있다.

○

시신을 사물함처럼 포개서 보관하는 시신 창고의 모습

○

병풍과 함께 서 있는 석창우 작가. 예부터 병풍은 삶과 죽음의 경계선 역할을 해왔다.

신을 태워 남을 일으키는 부지깽이가 되어야 합니다."(이경문 전 문화부차관 추모의 글 중)

이제 남은 자들인 우리가 '두레박'이 되고 '부지깽이'가 될 수는 없는 것일까?

그가 남긴 마지막 이야기

"산다는 게 뭔가. 내 이야기 하나 보태고 가는 것이 아닌가."

이어령 선생이 남긴 말이다. 평생을 바쳐 세상에 이야기를 보탠 스토리텔러가 본향으로 돌아가셨다. 향년 88세. 선생께선 똑같은 시간을 살아도 이야깃거리가 없는 사람은 산 게 아니라고 하셨다. 스토리텔링이 럭셔리한 인생을 만든다고도 했다. 그런 선생이 남긴 많은 이야기 중에서도 내 가슴을 뒤흔들었던 건 딸 이야기였다.

그가 털어놓은 이야기 한 토막이 있다. 딸은 기억조차 못 하는 사건이었다.

> 민아가 네 살 때였어요. 아내가 임신해서 내가 아이를 데리고 대천해수욕장 앞 해변 바라크 건물에 묵은 적이 있어요. 아이를 재우고 다른 천막에 가서 문학청년들과 신나게 떠들었지. 그때 민아가 자다 깨서 컴컴한 바다에 나가 울면서 아빠를 찾은 거야. 어린애가 겁에 질려서…. 생각하면 지금도 마음이 아파요. 우리 애는 기억도 안 난다지만(웃음).
>
> _《이어령의 마지막 수업》에서

반대로 딸은 생생하게 기억하는데 선생은 기억이 희미한 일이 있었다. 딸 민아를 떠나보내고 딸이 생전에 남긴 이야기를 통해 그 기억을 소환해낸다.

퇴근해 집에 들어서는 자신의 팔에 매달리는 딸을 “아빠 밥

좀 먹자" 하고 밀쳐낸 적이 있었다. 그때 딸은 아빠가 자기를 사랑하지 않는 줄 알았다고 했다. 어느 날 아빠가 엄마에게 소리쳤다. "원고 마감이야, 애 좀 데려가." 왜 '마감이 영감'이라 하지 않나? 원고 독촉에 쫓겨본 사람들은 그 심정 안다. 얼마나 긴장된 시간이었겠나. 하지만 딸은 가슴이 찢어지는 것 같았다고 했다.

또 다른 에피소드. 민아가 어렸을 때였다. 아빠의 서재 문을 두드린다. 아빠에게 '굿 나잇'을 하러 온 것이다. 그날도 글 쓰는 일에 바빴던 선생은 뒤돌아보지도 않은 채 손만 흔들었다. "굿 나잇, 민아." 딸 민아는 말없이 돌아서서 제 방으로 들어선다.

선생은 딸 민아에게 뒤늦게 편지를 쓴다.

> 나에게 만일 30초의 시간이 주어진다면 딱 한 번이라도 좋으니 낡은 비디오테이프를 되감듯이 그때로 돌아가자. 나는 평소처럼 글을 쓸 것이고 너는 엄마가 사준 레이스 달린 하얀 잠옷을 입거라. 그리고 아주 힘차게 서재 문을 열고 '아빠 굿 나잇' 하고 외치는 거다. 약속한다. 이번에는 머뭇거리며 서 있지 않아도 돼. 나는 글 쓰던 펜을 내려놓고, 읽다 만 책을 덮고, 두 팔을 활짝 편다. '굿 나잇 민아야, 잘 자라. 내 사랑하는 딸.'
>
> 그런데 어찌하면 좋으니. 내가 눈을 떠도 너는 없으니 너와

○

딸 민아의 대학교 졸업식에 참석한 이어령 장관

함께 맞이할 아침이 없으니. 그러나 기도한다. 우편번호 없이 부치는 이 편지가 너에게 전해질 것을 믿는다. 그래서 묵은 편지함 속에 쌓여 있던 낱말들이 천사의 날갯짓을 하고 일제히 하늘로 날아오르는 꿈을 꿀 것이다. 갑자기 끊겼던 마지막 대화가 이어지면서 찬송가처럼 울려오는구나.

'굿 나잇, 민아야. 잘 자라, 민아야. 보고 싶다, 내 딸아.'

앞서 말했던 앤딩 파티가 끝나갈 무렵 이렇게 말하는 거다.

"여러분, 사랑하는 데 필요한 시간은 '30초'면 됩니다. 주저하지 말고 오늘 그 사랑을 나누어주세요."

그의 이야기가 전 세계 뉴스를 탄다. 미움과 증오로 차가워진 지구촌은 삽시간에 36.5℃의 사랑으로 달구어진다. 선생이 말했던 생명자본주의가 활짝 피어나는 순간이다.

실은 딸 민아가 이야기했던 대로 '표현방식만 달랐지' 이미 글로 그런 이야기를 남기셨다. 선생의 이야기가 가슴의 감탄(感歎)을 넘어 손발의 감동(感動)으로 이어지는 것은 오롯이 남은 자들의 몫이다. 우리 모두 사랑의 원자탄이 되는 거다.

"30초의 실천."

이어령은 여전히 우리 곁에 이야기로 살아 있다.

제2장

장례에 대한 유쾌한 반란

다른 길이 없었다. 빼앗긴 병원 장례 문화를 교회가 되찾아와야 한다는 생각이 들었다. "이쑤시개 하나도 계산된다"라는 병원 장례 문화에 똥침을 놔야 했다. 그렇게 해서 50가정을 선례로 만들어 맛보기로 만들려는 목표였다.

디비니티Divinity와 디그니티Dignity

> 이로써 그 보배롭고 지극히 큰 약속을 우리에게 주사 이 약속으로 말미암아 너희가 정욕 때문에 세상에서 썩어질 것을 피하여 신성(神性)한 성품(性品)에 참여하는 자가 되게 하려 하셨느니라(벧후 1:4).

이 얼마나 멋진 초대인가? 욕망에 얼룩진 세상에 등 돌리고 하나님의 품에 안겨 누리는 '신성한 성품'divine nature. 생각만 해도 가슴 떨리는 일이다. 이래서 장례는 '천국 환송식'으로 표현된다. 신성을 담아낼 수 있는 가장 아름다운 공간이 교회이기 때문이다. 그런데 교회는 어쩌자고 '교회장'을 포기한 것일까? 병원 장례로 굳어지자마자 목회자는 장례지도사의 들러리가 되었다. 무슨 핑계를 갖다 대도 할 말이 없다. 황당한 일이다. 목회의 꽃이라 할 수 있는 3일 장례가 3~40분짜리 단막

극으로 끝나버린 꼴이다. 코로나는 바로 이것을 깨우쳐 장례를 교회와 목회자의 손에 돌려준 은인(?)이다.

병원 장례는 우선 편하다. 교통이 편하고 도우미들이 다 알아서 해준다. 그러다 보니 판박이다. 기계에서 벽돌 찍어내듯 시간 단위로 장례가 처리된다. 고인에 대한 존엄Dignity이 사라진다. 무섭다. 시신을 대하는 태도부터가 글렀다. "시신 위에 시신 없고, 시신 아래 시신 없다"라는 것은 기본 중 기본이다. 전쟁 통도 아닌데 우리는 포갠다. 과거 상여를 메고 나갈 때는 반드시 울려 맸다. 무슨 뜻인가? 고인에 대한 최고의 존엄함을 표현하기 위함이었다. 상여가 골목을 돌아나가는 순간, 지나가던 정승도 비켜서서 고개를 숙였다. 죽음의 순간, 그는 하늘의 규칙 아래 놓인다. 정승 자리가 아무리 높더라도 그의 발은 땅을 딛고 서 있다. 땅의 사람이 하늘 앞에 고개를 숙이는 것은 너무나 당연했다. 그런데 지금 우리는 관도 개 끌고 가듯 질질 끌고 간다. 당최 배운 게 없다.

태어나 죽는 인간사 중에서 '례'(禮)가 붙는 것은 '혼례'(婚禮)와 '장례'(葬禮)밖에 없다. 금혼식도, 돌잔치도, 회갑도 모두 잔치(宴)일 뿐이다. 혼례는 이미 그 지위를 포기했는지 '결혼식'으로 격하되었다. 그리고 그게 고상한 단어인 줄 안다. 그렇게 해서 나타난 것이 주례(主禮) 없는 결혼식이다. '예'(禮)를 걷어차

버렸다. 이런 것을 두고 꼴값 떤다고 한다.

사람과 동물의 차이는 바로 '의례'(儀禮)ritual에 있다. 동물도 슬퍼할 줄 안다. 자식 잃은 어미 소는 3일을 넘게 운다. 그렇다고 장례를 치르지는 않는다. 그래서 동물이다.

장례는 '그 집안의 마지막 품격이다'라는 말이 이래서 나왔다. 이제부터라도 장례에서 격을 갖추어야 맞다.

'별'스러웠던 장례식 ①

추모단의 상식을 깨다

추운 겨울에는 꽃을 구하기 쉽지 않다. 지금처럼 비닐하우스 재배가 없던 시절에는 더 그랬다. 아예 병풍에다 꽃을 그렸다. 서화(書畫)의 시작이었다. 그렇게 병풍 하나로 끝냈다. 끝내주는 지혜였다. 죽음 앞에서는 양반 상놈 구분도 없었다. 모두가 평등했다. 사계절 구분 없이 장례를 치를 수 있었다. 오늘날 협동조합 형태의 계(契) 모임은 상조회사를 능가했다. 병풍계가 등장했다.

꽃상여, 만장(挽章)과 펄럭이는 기(旗), 풍성한 먹거리의 성찬, 밤에 펼쳐지는 송별의식인 '다시래기'가 있었다. 공연 축제였다. 죽음을 대하는 태도가 지금과는 확연히 달랐다.

이 가운데 꽃은 언제부터 시작된 것일까? 그 연원이 궁금했다. 《하루 한 생각》(한희철 저, 2021)에는 이런 대목이 있다.

> 네안데르탈인의 유골을 조사하던 과학자들이 뜻밖의 성분을 발견하게 되었다. 꽃가루였다. 유골 곁의 흙에서도 마찬가지였다. 유골 곁의 꽃가루는 무슨 의미일까 과학자들은 추정한다. 그들은 같이 살던 누군가가 죽으면 죽은 이를 야생(野生)의 꽃이불 위에 눕혔다. 그 위를 다시 꽃으로 덮었다. 지천에 피어난 꽃들을 가져다가 바닥을 장식한다. 죽은 이를 눕힌다. 다시 그 위를 꽃으로 수놓았을 것이다.

그리고 그는 이렇게 덧붙인다.

> 자연에서 와서 자연으로 돌아가는 이를 '아무렇게나' 돌려보내지 않았을 것이다.

해석이 멋졌다. 우리는 거기에 하나를 더 보태기로 했다. 조화(造花)나 절화(折花)가 아닌 생화(生花)로 떠나보내자고. 장례식에서 꽃은 '축하'보다는 '(그대가) 내게 살아 있습니다'라는 의미를 새겼던 것 아니겠는가?

새로운 장례 모델에서는 국화꽃 일색에다 절화(折花)로 가득한 장벽을 깨뜨려보기로 했다. 고인의 추억이 담긴 작은 액자와 화분으로만 장식했다. 3일 단명하고 마는 장식용 꽃이 새롭게 탄생하는 순간이었다.

장례의 '유쾌한 반란'은 이처럼 추모단에서부터 시작되고 있었다. '별'스런 아름다움이었다.

○
진도 〈다시래기〉 공연 모습이다. '다시래기'란 진도의 초상집에서 출상 전 상주와 유족의 슬픔을 덜어주기 위해 벌이는 연희를 말한다.

꽃보다는 사람

3단짜리 조화는 정중히 사절했다. 플로리스트가 새벽시장을 찾아 정성스레 고른 꽃으로 장식했다. 일평생의 소명과 헌신을 '십자가의 사랑'으로 담아냈다. 스크린에는 가족과 함께한 일상, 고인이 스스로 정리했던 연대별 사진이 역사로 흐르고 있었다.

장례식장을 3단짜리 조화로 줄 세운 일은 사라졌다. 추모단은 '꽃보다 사람'이었다. 고인의 풍모가 그랬다. 소박하고 담백했다. 그러면서 우아했다.

메모리얼 테이블은 방문객들의 발길을 오랫동안 붙잡았다. 고인이 신었던 신발, 안경, 손목시계, 지팡이가 가지런히 놓였다. 무엇보다 고인의 성품을 한눈에 드러낸 단아한 필체에 가슴 뭉클했다.

고인이 여행길에 사 왔다는 인형을 보고 83세의 조카가 한마디 했다.

"영락없는 작은 아버지시네."

스위치를 올리며 춤추는 인형인데 아버님이 그렇게 좋아하셨다고 상주가 말했다. 오랫동안 그분을 지켜보았던 내게도 환

○

고(故) 정순행 목사 장례식장 추모단 모습

한 미소와 웃음은 그분의 아이콘이었다.

추모객 한 사람이 계단을 내려가며 중얼거렸다.

"장례식장 죽여주네."

고인도 그 말을 엿듣고 웃고 계셨을 것이다.

'별'스러웠던 장례식 ②

장례훈장이 추서되다

헤르만 헤세가 '진정한 내 친구들, 내 이웃'이라고 불렀던 존재들이 있었다. 종려나무와 수양버들, 여름 목련 그리고 동백나무였다.

동백은 그 기개와 성품이 소나무를 닮았다. 작가 백영옥은 말한다.

"훌쩍 피었다가 시들지 않은 채 제 목을 쳐내며 떨어지는 처연한 아름다움이 독야청청 아니면 뭔가?"

동백은 한겨울에 붉게 피어난다. 한창 꽃이 아름다울 때 자기 목을 쳐내듯 툭 떨어뜨린다. 나무에 매달려 있을 때보다 하얀 눈 위에 낙화된 모습에 더 감동을 받는다. 마치 땅에서 솟아 오른 꽃만 같다.

사람들은 말한다. 동백은 떨어져야 꽃이 된다고.

방종현 님의 생애가 그랬다. 한겨울의 죽음이 그랬고 아름다운 신앙고백이 그랬다.

아내 최종숙님이 보내온 카톡편지다.

목사님, 답글이 늦었습니다.

남편의 잃어버렸던 천국 언어가 회복된 모습이 사랑스럽습니다!

'9회 말 투 아웃, 역전 홈런'의 주인공이 되었다고 친구 권사가 남편에게 전해달라고도 했습니다.

역전 홈런의 주인공을 만들어내신 송 목사님이 계셨죠.

주님을 찬양합니다.

"이스라엘이여 너는 행복자로다
여호와의 구원을 너같이 얻은 백성이 누구뇨."

그러고 보니 그는 야구를 좋아했다. 그동안 빈볼에, 희생타에, 무안타 인생이 9회 말 역전 홈런을 때리고 천국 백성으로 태어났다. 그의 라스트신은 감동 그 자체였다. 암 진단을 받고

구차하게 생명을 구걸하지 않았다. 성경 읽기와 필사로 천국 입학식 준비를 착실히 했다. 오히려 천국에 가는 게 왜 이리 더디냐고 안타까워했다. 병상에서 '나 없이 내일이 시작될' 아내와 딸을 위한 사랑의 유산을 남겼다.

나는 증언할 수 있다.

> 사망아 너의 승리가 어디 있느냐 사망아 네가 쏘는 것이 어디 있느냐 (고전 15:55).

그도 이 아름다운 고백으로 승리했다는 것을!

〈하이패밀리〉와 〈메멘토모리 기독시민연대〉는 주저하지 않고 그에게 장례훈장을 추서(追敍)하기로 했다.

'동백장.'

그가 죽어서 꽃으로 피어났다. 동백꽃을 보면 언제나 그가 그리울 것만 같다.

○

유골함에 고인이 가족들과 스튜디오에서 사진을 찍었을 때 썼던 중절모를 씌워 드렸다.
고인이 살아 있기라고 한 듯 정겨움의 시간을 연장해 드리고 싶었다.

'별'스러웠던 장례식 ③

장례식의 성차별을 깨부수다

결혼식 첫 순서는 언제나 신랑·신부 입장이다. 신랑은 홀로 들어선다. 그런데 신부는 꼭 아빠의 손에 이끌려 들어온다. 묘한 긴장이 흐른다. 딸과 사이좋은 아빠라면 몰라도 그렇지 않은 상황이면 어떡하지? 더구나 아빠가 안 계신다면….

그랬다. 실제로 아빠 없는 딸들은 혼수품 장만보다 그게 더 걱정이었다. 그래서 이혼 직전 부부들도 딸 아이 결혼은 시켜놓고 이혼을 생각했다. 내 행복을 위해 딸의 인생을 망가뜨릴 수는 없다는 마음이었다. '필수품 아빠'라는 불문율 때문에 아빠를 빌려오고 사오는 일도 연출되었다. 4대 비극(햄릿, 오셀로,

○
딸이 상주가 되었다. 가장 가까운 가족이 해야 옳다는 믿음으로 하나되었다.

리어왕, 맥베스)을 합쳐도 이보다 더 슬픈 일이 있을까 하는 생각도 떠올랐다.

장례식도 그렇다. 상주(喪主)는 왜 남자여야만 할까? 여성은 영정 사진을 들 수 없는 것일까? 이건 또 무슨 희극인가? 조문객을 맞이하는 자리에는 어김없이 남자들만 서 있다. 여성들은 접객실에서 방문객 맞기에 바쁘다.

교회는 그동안 장례식에 스며든 무속 신앙과 미신, 유불교의 '짬뽕' 요소에 한목소리를 냈다. 삼우제(三虞祭)를 지적했고, 미망인(未亡人: 남편을 따라 죽지 않은 여인)이란 용어를 추방했다. 하지만 그게 다였다. 기독교 장례와 일반 장례의 구분이 눈에 잘 들어오지 않는다. 대표적인 것이 남성 중심의 장례 문화다.

여섯 번째 장례식은 이 지독한 남성 중심 장례 문화에 일침을 놓았다. 딸이 상주가 되었다. 아내가 유골함을 거두어 안았다. 누구도 어색해하지 않았고 의문을 품는 이도 없었다. 가장 가까운 가족이 해야 옳다는 믿음으로 하나되었다. 너무나 쉬운 일을 우리는 왜 이다지도 어렵게 걸어왔던 것일까? 천년 세월을 말이다.

참으로 '유쾌한 반란'이었다.

○

남성 중심 장례에 반기를 들었다. 딸이 상주가 되고, 아내가 유골함을 거두어 안았다.

사자(死者)에 대한 최소한의 예의

"고인에게 인사하시겠습니다."

이 한 마디와 함께 폴더폰 인사를 던진다. 옆에 서 있던 목사는 뻘쭘해진다. 장례식에서 접하는 가장 떨떠름한 풍경 중 하나다. 장례 도우미의 위세는 어디서나 위풍당당이다. 영정사진을 가리고 관 앞에 서서 손 지휘까지 한다. 그 표정은 비장하기까지 하다.

누구도 관과 유골함(영정사진 포함)을 앞설 수 없다. 유족들도 고인을 앞세워 뒤따른다. 저런 싸구려 의전은 대체 누가 가르쳤을까?

팔뚝에 완장을 채우고 상장(喪章)을 다는 것도 그들이다. 대단한 의식이다. 1969년 〈가정의례준칙〉은 삼베로 만든 상장을 가슴에 달도록 규정했다. 2009년 〈건전 가정의례준칙〉에도 상장 조항이 있다. 완장은 끈질기게 살아남았다. 상장이 마치 화물의 짐 꼬리표 같지는 않은가? 일제 시절에 배운 것을 아직도 고집하고 있다. 참으로 희한한 노릇이다.

염습(殮襲)은 왜 해야 할까? 영국 정부는 문어 같은 두족류(오징어, 낙지, 꼴뚜기, 앵무조개 등)와 바닷가재, 게 등 수산 갑각류에도 '동물복지법'을 적용하기로 했다. 소·돼지 등 척추동물뿐 아니라 수산물도 고통을 느낀다는 사실이 런던정경대 연구에서 밝혀진 데 따른 조치다. 하물며 사자(死者)에 대한 최소한의 예의는 어떠해야 할까?

우리는 꽁꽁 묶는다. 무슨 죄가 그리도 큰가? 그것도 모자라 영정사진에 띠를 둘러 죄수를 만든다. 수인(囚人)의 '수(囚)'는 가둘 수다. 파자(破字)해 보라. 죄를 지은 사람은 사방으로 가로막힌 교도소에 가둔다. 인질·포로로 잡아넣었다는 뜻이다. 그게 영정 띠의 상징이다. 그렇게 해서 죽은 자를 또 한 번 죄수(罪囚)로 만들어 만천하에 공포한다. 관도 죄수를 밧줄에 묶어 끌고 가듯 운구한다. 비참하다. 관은 어깨 위로 올려 들어야 한다. 이것이 고인에 대한 마지막 공경의 표시였다. 상여를 메고 나갈 때도 그러했다. 디그니티dignity 즉, 존엄과 품위였다.

장례를 지켜보면 슬픔보다는 비애와 분노가 인다. 어쩌다가 동방예의지국이 '동방무례지국(東方無禮之國)'이 된 것일까? 무섭다. 다른 게 무서운 게 아니라 무식(無識)이 무섭다.

염습? 사후 메이크업만으로 충분하다. 위생처리 하나면 된다. 쓸모없는 절차를 배우겠다고 2~3년짜리 대학(장의학과)도 생겼다. 300시간이면 자격증도 준다. 3년이나 상아탑에 가두어 돈을 벌겠다는 상술(商術)이 아니고 뭔가? 과유불급(過猶不及)이다.

6시 이전의 발인은 어떤가? 해가 뜨면 귀신이 찾아오지 못해서다. 무속신앙은 곳곳에 스며 있다. 유족들은 처음 당하는(?) 일이라 생각 없이 끌려간다. 의미 없는 일에 목매달다 보면 고액의 청구서가 온다. 값비싼 수의와 상복, 거기에 뒤따르는 위생 마스크, 근조 리본, 흰색 조화(弔花), 장갑 등의 소품들은 장례업자들이 무턱대고 일본식을 베낀 결과다. 장례 문화는 여전히 1945년 8월 15일 이전에 멈추어 있다.

이 모든 행위 앞에 목회자들은 무력하다. 철두철미 배제된다. 오히려 장례도우미들이 목회자들을 개인 지도한다. 아재개그가 떠올라 웃었다. '개가 사람을 가르친다'를 4자로 줄이면? (답: '개인 지도') 한참을 머뭇거렸다.

목회자의 개입은 고작 30분가량의 입관예배와 발인예배밖에 없다. 3일 내내 함께하며 유가족에게 베풀었던 목회 돌봄은 사라진 지 오래다. 그저 순서 가운데 하나를 맡은 들러리에 불과하다. 영적 권위는 찾아볼 수 없다. 화장이 90%를 넘어섰는데도 화장장에서 하관 예배를 드리고, 정작 유골 안치식에는 코빼기도 보이지 않는다. 긴 시간을 못 견뎌 다 내뺐단다. 먹튀

행위가 아니고 뭔가?

신학교에서 배우지 않았다고? 하루가 멀다고 바뀌는 게 세상이다. 빈약한 커리큘럼 구성이 계속 면죄부가 될 수는 없다. 장례에 혼을 담아보았는가? 무염습 장례가 등장했다. '선(先) 화장, 후(後) 발인'도 있다. 장례 노동과 트라우마로부터 유족들을 보호하기 위한 장치다.

장례 자리가 어떤 곳인가? 주님은 나사로의 병과 죽음 앞에서 '영광'을 꺼내신다. "이 병은 … 하나님의 영광을 위함이요"(요 11:4). "하나님의 영광을 보리라 하지 아니하였느냐"(요 11:40). 우리는 그 영광을 보여주고 있는가? 아니면 "두어 움큼 보리와 두어 조각 떡을 위하여 나를[주님을] 내 백성 가운데에서 욕되게"(겔 13:19) 하고 있는 것은 아닌가?

성도의 죽음을 귀중하게 보시는(시 116:15) 주님의 마음을 담아내는 장례여야 한다.

'별'스러웠던 장례식 ④

슬프고도
아름다웠던 장례식

지독한 친절cruel kindness, 공공연한 비밀open secret, 고된 나태 laborious idleness, 당대 역사current history, 식은 핫도그cold hotdog. 이런 표현을 옥시모론oxymoron이라고 한다. 고대 그리스어 '옥시모로스'(oxymoros, oxys와 moros의 합성어)에서 유래했다. '옥시스'*oxys*는 '날카로운'sharp, '예리한'keen을 뜻한다. '모로스'*moros*는 '어리석은'foolish을 의미한다. '똑똑한 바보'sharp fool라는 뜻이다.

성경은 이런 모순어법으로 가득하다. "죽은 자 같으나 산 자", "가난한 자 같으나 부요한 자", "어리석은 자 같으나 지혜로운 자", "낮은 자 같으나 높은 자" 등이다.

"우리를 그분처럼 만드시기 위해 그분은 우리처럼 되셨습니다." 삼위일체설을 주장했던 교부 성 아타나시우스St. Athanasius(295~373)가 한 말이다. 예수의 성육신이야말로 얼마나 지독한 옥시모론인가?

죽음과 장례식에도 이 옥시모론이 널려 있다. "슬픔에 잠겨 있으나 기쁨으로 가득 찬", "죽었으나 살아 있는", "세상에서 무시당하나 하나님께 인정받는".

이번 장례가 그랬다. 슬프면서도 아름다웠다. 발인예배를 인도한 박정식 목사(인천은혜의교회)가 내뱉은 첫 마디였다. 놀랍지 않은가? 교인들이 물었다. "어떻게 이렇게 슬프면서도 아름답죠?" 그 비밀은 뜻밖에도 추모사에 답이 있었다. 딸 방효진이 읽었던 〈사랑하는 아빠에게〉를 전제하는 이유다.

아빠!

정말 많이 보고 싶다. 너무 많이 아팠는데… 그곳은 어때?

하나님 품에 안기니까 좋지?

월요일에 시장을 갔는데 식혜를 보면서도 아빠 생각이 나고

슈퍼를 갔는데 요플레를 보면서도 아빠 생각이 나고

계속 눈물이 흐르는데 엄마가 볼까 봐 꾹 참았어.

아빠의 빈자리가 이렇게 클 줄 몰랐네.

작년 12월 췌장암 말기 판정을 받고 참 절망적인 상황 속에서

세 식구가 가정예배 드렸잖아.

엄마랑 내가 손잡고 울기만 하니까

'내가 죽냐? 이럴 거면 예배드리지 말자'라고 하던 게 생각나네.

잘 싸워서 이겨낼 거니까 걱정하지 말라고

오히려 엄마랑 나를 위로해주던 아빠.

내가 직장을 다녀보니까 사회생활이 얼마나 힘든 건지

조금은 알겠는데,

아빠는 한평생 가족을 위해 달렸잖아.

아빠의 삶의 무게가 얼마나 무거우셨을까.

사업 부도로 힘든 나날을 보냈는데

힘든 내색 한 번 안 하고 든든하게 부족함 없이

채워주셨던 아빠 덕분에 내가 유학도 다녀올 수 있었어.

뒤돌아보니 나는 내 생활에만 집중했지

아빠 생각은 많이 못 했던 거 같아서 너무 미안해.

이렇게 빨리 천국 갈 줄 알았으면 내가 더 많이 잘했을 텐데.

아빠 삶의 무게가 얼마나 무거운 건지

아빠가 아프고 나서야 많이 생각하게 되었어.

그동안 아빠가 바빠서 가족과 함께하지 못했던 시간을

투병하면서 많이 가졌잖아.

올 한 해가 나에게는 아빠와의 추억이 가장 많은 해로 기억돼.

그동안 아빠와 하고 싶은 버킷리스트를 생각하며

29년 동안 가족이 찍은 사진 한 장 없어서 가족사진도 남기고

근교로 바람 쐬러 다니고, 대화도 많이 하고

참 행복한 시간을 보냈네.

무엇보다 내 평생 소원이 하나님이랑 아빠랑 친해지는 거였는데

투병하면서 절친이 된 거 같아 너무 감사해.

그런데 아빠의 코로나 확진 소식을 듣고 하나님이 너무 밉더라.

'아, 하나님 왜 저희 가정에 계속해서 어려움을 주시는 거죠?

가족의 손길이 많이 필요한 아빠에게 코로나라니요!' 하면서

정말 힘들었는데

그래도 하나님은 선하시기에 끝까지 믿음으로

힘든 시간을 이겨냈어.

주님 뜻이 무엇인지 지금은 다 알 수 없지만

주님의 크신 계획이 있음을 신뢰하면서 나아갈 거야.

아빠가 마지막으로 엄마 말 잘 들으라고 유언처럼 이야기했잖아.

아빠, 엄마는 걱정하지 마, 내가 잘 지킬게.

아빠, 나는 천국 소망을 품고 주어진 삶을 멋지게 살아낼 거야.

그리고 아빠와 함께 좋았던 기억만 마음속 깊이 새기면서

감사한 마음 잃지 않고 살아갈게.

아빠! 지켜봐 줘! 평안한 삶 누리고!

사랑해.

– 아빠의 예쁜 딸, 효진

효진이의 추모사가 '이별'을 '이 별'로 빚어내고 있었다.

약력(略歷)과 추도사(追悼辭)는 같으면서도 다르다. 고인의 발자취를 더듬어본다는 의미에서는 같다. 둘 다 신〔履〕을 신고 다니며〔歷〕 겪은 일들〔書〕, 즉 이력서(履歷書)가 맞다. 하지만 약력은 자필(自筆) 이력서라면, 추도사는 타설(他舌) 이력서다. 자필 이력서는 본인이 남긴 것이고 타설 이력서는 타인의 것이다. 자필 이력서는 펜으로 쓰고 타설 이력서는 입으로 쓴다.

약력이 공문서라면 추도사는 편지다. 추도사에는 공적 기록보다 에피소드가 넘쳐난다. 배시시 미소짓게 하고 감동으로 가슴 저미게 한다. 추도사는 남은 자들에 대한 인생 나침반이다. 추도사에는 고인의 절절한 목소리가 새겨진다. 고인의 '마지막 수업'과도 같다.

내가 세상 떠났을 때 나의 시신을 운구해줄 4명의 친구를 남겨놓고 간다면 그런 인생을 성공한 인생이라 한다. 나의 죽음을 슬퍼하며 추도사를 읽어줄 사람이 있을 때 행복한 죽음이라 한다. 이래서 추도사는 장례의 꽃이다. 추도사는 없고 국화꽃으로 그득한 장례는 이런 면에서 싸구려다.

어떤 의미에서 추도사는 고인을 돌아보며 써 내려간 우리 모두의 반성문이기도 하다. 유족들은 고인이 그리울 때 이 추도사를 펼쳐 고인의 목소리를 들을 것이다.

왕 할아버지 안녕!

발인예배는 언제나 무겁고 슬프다. 멜라니 사프카Melanie Safka는 노래했다. 이 세상에서 '가장 슬픈 일'은 사랑하는 사람에게 '안녕'이라고 말하는 거라고.

그런 슬픔의 자리에, 박하진(6세)과 정민균(5세)이 나섰다.

왕 할아버지, 안녕하세요.
저희는 증손자 박하진, 정민균이에요.
저희를 사랑해주셔서 감사해요.
할아버지,
천국으로 이사 가신 것 축하해요.
할아버지 따라 예수님 잘 믿으며 살게요.
왕 할아버지. 안~녕!

순간, 고요와 정적이 깔린 채플에 웃음이 배어났다. '가장 슬픈 자리'가 '가장 기쁜 자리'로 뒤집히다니… 아이들 말고 누가 저 엄청난 일을 할 수 있을까?

'왕 할아버지 안녕!'

짧은 인사에 다시 만날 것에 대한 기대와 약속이 새겨지고 있었다. 떠나는 이나 남은 자의 간절한 소망과 기도가 '안녕' 말고 또 있겠는가? 그랬다. 인생이 '원더풀'이라면 떠남은 '뷰티풀'이어야 한다. '뷰티풀 안녕.'

다 떠나고 난 빈자리, 나도 모르게 '안녕'을 수도 없이 되뇌이고 있었다.

'별'스러웠던 장례식 ⑤

메모리얼 테이블이 빛났다

성경, 필사노트, 안경, 구두, 편지, 장갑, 이만수 전 SK감독의 싸인 볼….

메모리얼 테이블에 놓인 유품들이다. 성경을 펼쳐 든다. 곳곳에 고인이 남긴 흔적이 나이테처럼 박혀 있다. 메모도 있다. 책갈피도 보인다. 말 없는 책이 많은 말을 건네고 있다. 조문객들이 가장 오래도록 머무는 자리가 '메모리얼 테이블'이다. 조용히 살펴보다 고인을 어루만지듯 쓰다듬는 이도 있다. 유품을 통해 고인과 소통한다.

생각해보라. 자녀들이 어느 날 문득 엄마 아빠가 읽었던 낡은 성경책을 발견하고 펼쳐 든다. 곳곳에 밑줄이 있다. 깨알 같은 메모에 눈길이 머문다. 아버지의 음성이 또렷하게 들린다. 엄마의 속삭임도 있다. 안다. 그게 평소 자기에게 하고 싶었던 밥상머리 훈화인 것을. 아니, 삶으로 남긴 유훈(遺訓)일 수도. 새겨진 날짜는 두 분의 역사기록이다. 그래서 자신의 성장궤적을 좇게 된다. 절로 감탄사가 터져 나온다. 자신에게 묻는다. '나는 지금?'

또다시 펼친다. 이번엔 엄마의 눈물 자국이 보인다. 나도 모르게 심정지 상태가 된다. 나를 놓고 울었을 엄마 얼굴이 떠오른다. 이번에는 내가 울고 있다. 엄마의 메모장, 단풍잎, 헌금지폐, 집회 초대장…. 음악회 초청 티켓도 있다. 두 분이 함께했을 추억을 떠올린다. 두 분은 웃고 있다. 나를 천국으로 부르는 초대장인 것만 같다. 새 책 속엔 없다. 낡은 성경책이 가져다준 인생의 가장 큰 '보너스'다.

요즘 시간 흐름을 타고 타임 슬립Time slip●을 하는 취미에 빠져 산다. 두 분과 함께하는 소울 데이트soul date다.

● 1994년 일본의 무라카미 류의 소설 《5분 후의 세계》에 처음 등장한 신조어. "시간이 미끄러진다"는 뜻으로, 타임머신 같은 기계적인 시간 여행이 아니라, 자연스레 과거와 현재를 오가며 자신을 돌아보는 방식을 의미한다.

○

조문객들이 가장 오래도록 머무는 자리가 '메모리얼 테이블'이다. 조용히 살펴보다 고인을 어루만지듯 쓰다듬는 이도 있다. 유품을 통해 고인과 소통한다.

닳고 닳은 가죽표지에 피어난 세월의 이끼를 디지털은 흉내 낼 수 없다. 닳아빠진 페이지를 넘기며 두 분의 따스한 체온을 느낀다. 내 손을 꼭 쥐는 듯 따뜻하다. 밑줄 메모에서 풀리지 않던 의문이 풀린다. 여백의 미학(美學)이다. '아 그거였구나.'

이보다 더 큰 행복이 어디 있으랴? 테이블 앞에서 홀로 생각에 잠긴다. 어느 날 챙길 나의 유품 목록들을 떠올린다. 비망록, 사랑의 편지들, 아끼던 펜, 노트북….

내 삶이 여물어지는 순간이다.

'별'스러웠던 장례식 ⑥

내 생애 마지막 기부

이번 장례의 주인공은 형편이 넉넉지 않았다. 소원 나들이를 위해 그 집을 찾았을 때다. 연립주택 3층에서 환자를 업고 내려와야 했다. 차에 태운 다음 기도하는 순간에도 그의 신음이 들렸다. 그러나 환자의 신음보다 더 큰 것은 가족들의 신음소리였다. 투병으로 1년 넘게 쓴 병원비, 비싼 장례비는 어떻게 할 것이며, 집값보다 더 많은 빚이 남은 저 가정은 앞으로 어떻게 살아가야 하나? 제발 병원에 가서 '도둑질당하지' 않기를 소원했다. 이번에는 나의 신음이었다. 다행히 참전용사라 장지는 호국원의 도움을 받을 수 있었다. 나는 하이패밀리의 규칙을 깨서라도 장례를 치른 후 호국원으로 보내드려야겠다고 다짐했다.

그런데 뒷이야기를 전해 듣고 전율이 일었다. 최종숙 권사와 딸 효진의 영적 보금자리인 인천은혜의교회(박정식 담임목사)는 특별했다. 암투병 환자 중 특별한 사연을 가진 아픈 가정에 치료비를 지원한단다. 돈을 받아든 가족들은 당혹스러웠다. 거꾸로 중소상공인들을 위해 써달라고 교회에 내놓았다. 유가족들은 고인이 소원나들이를 했던 〈앰뷸런스 소원재단〉의 "내 생애 마지막 기부"에도 참여하여 희망의 불씨를 지폈다. 넉넉한 가정이라도 쉽게 할 수 없는 일을 가난한 그들이 해내고 있었다.

남겨진 아내와 외동딸만 있어 소박한 가족장으로 치러질 거라 예상했던 장례는 몰려든 교인들로 북적였다. 장례식은 풍성했다. 복음송 가사처럼 "작은 신음에도 응답하신" 주님이 계셨다. 부인 최 권사가 내게 말했다.

"목사님, 걱정 마세요. 사람들이 어떻게 알고 많이 채워주셨어요."

교회도 장례식 비용 지원으로 이들의 선한 마음에 화답했다.

장례에 대한 유쾌한 반란의 한 페이지는 또 이렇게 쓰였다.

가장 멋진 〈내 생애 마지막 기부〉,

그들은 하늘나라 거부(巨富)였다.

"사람이 죽어서 남기는 것은 비석에 새겨진 비문이 아니다. 다른 사람들의 삶에 깃든 무엇이다. 당신이 다른 사람에게 내어준 것이 곧 당신이 남긴 유산이다." 고대 그리스 정치가 페리클레스의 말이다.

"너희는 너희 보물이 있는 곳에 가장 있고 싶어 할 텐데, 결국 그렇게 될 것이다. 그것이 당연하지 않겠느냐?"(눅 12:33-34, 메시지).

마태복음 5장 산상수훈에서 주님은 십계명 후반부를 하나씩 풀어주신다.

6계명 "살인하지 말라"에 대해서는, 사람한테 욕하는 것도 살인이라고 풀어주시고(마 5:21-27), 7계명 "간음하지 말라"에는, 마음에 음욕을 품는 것도 간음이라고 풀이하신다(마 5:27-32).

그리고 순서상 8계명이 나와야 하는데, 건너뛰고 바로 9계명으로 넘어가신다(마 5:33-37). 그런데 자세히 보면 꼭 그렇지도 않다. 다음 장에 도둑에 관한 이야기가 나오기 때문이다.

"너희를 위하여 보물을 땅에 쌓아 두지 말라 거기는 좀과 동록이 해하며 도둑이 구멍을 뚫고 도둑질하느니라. 오직 너희를 위하여 보물을 하늘에 쌓아두라 거기는 좀이나 동록이 해하지 못하며 도둑이 구멍을 뚫지도 못하고 도둑질도 못하느니라"(마 6:19-20).

○
기부한 돈은 위시토이Wish Toy로 제작되어 누군가에게 희망을 전할 것이다.

"도둑질하지 마라"가 아니다. "도둑질당하지 마라"라고 하신다. 역설이다. 파산하지 않는 하늘 은행과 거래하라는 것 아닌가?

어찌 된 일인지 내 눈에는 이 말씀이 "장의업자들에게 도둑질당하지 말라"로 읽혔다. 빼앗긴 병원 장례 문화를 교회가 되찾아와야 한다는 생각이 들었다. "이쑤시개 하나도 계산된다"라는 병원 장례 문화에 똥침을 놔야 했다. 그렇게 해서 50가정을 선례로 만들어 맛보기로 만들려는 목표였다. 다른 길이 없었다. 〈내 생애 마지막 기부〉는 그렇게 장례의 주제가 되었다.

'별'스러웠던 장례식 ⑦

날마다 울던 분이 이번에는 웃으셨다

추모단을 꾸미고 유족들을 기다리던 저녁, 예상하지 못한 새가 날아들었다. 때까치였다. 추운 겨울이라 문을 꼭꼭 닫아 두었는데 어떻게 찾아들었는지 지금도 알 수 없다. 서너 바퀴 비행하더니 '패밀리' 글자 앞에서 한참 고개를 떨구고 멈춰 섰다. '깩! 깩! 깨깨깨' 소리마저 멈추었다. 오랫동안 자리를 지켰다.

나는 알았다. 미조(迷鳥, 길 잃은 새)가 아니었다. 조문(弔問)을 위해 찾아온 문상조(問喪鳥)였다. 첫 조문(弔問)은 조문(鳥問)이었던 셈이다. 그뿐 아니었다. 장례가 치러지는 내내 날씨가 걱정이었다. 기도했다. '제발 포근한 날씨를 주소서. 발인식이 끝날 때 하늘을 열어주소서.' 하나님의 마음을 보고 싶었고 유가족들에게도 보여주고 싶었다. 당일 아침 눈이 내렸다. 내리는 눈을 보고도 기도했다. 적당히만 내려 달라고.

오후 3시로 잡힌 발인식. 그런데 정확하게 3시 30분, 발인식을 마치는 찰나 하늘이 열렸다. 그리고 손 내미셨다. 추모객들은 기이한 장면에 놀랐다.

나는 장례식 전날, 효진이에게 속삭였다. "효진아, 우리 둘이 내일 날씨를 위해 기도하자." 그리고 며칠째 날씨를 체크하던 사진을 보여주었다.

효진이가 스마트 폰 사진을 보더니 말했다. "목사님, 참 세밀하시네요." 그런데 발인식을 마친 그 순간 딱 5분간 하늘이 열렸다. 세밀한 것은 하나님이셨다. 나는 늘 하나님의 디테일에 놀란다.

장면을 지켜보던 효진이 눈에서는 하염없는 눈물이 흘러내렸다. 방종현 님을 하늘나라로 품으시고, 그 죽음을 기뻐하는 상징이었다.

"그의 경건한 자들의 죽음은 여호와께서 보시기에 귀중한 것이로다"(시 116:15).

이번 장례식이 '별'스러운 또 하나의 이유였다.

○

5일 동안 머물렀던 때까치 모습. 마침 사진전시회를 마치고 하이패밀리에 머물던 이영렬 작가가 순간을 포착했다.

○

1월 1일 11시, 내 방을 내방(來訪)했던 친선사절, 까치는 목자의 지팡이 앞에 인사하고 떠났다. 비로소 길고 긴 장례식이 마침표를 찍는 순간이었다.

"예수께서 다시 큰 소리로 외치시고, 숨을 거두셨다"(마 27:50, 새번역).

예수님의 죽음에 대한 성경의 묘사다. "엘리 엘리 라마 사박다니"(나의 하나님, 나의 하나님, 어찌하여 나를 버리셨나이까)를 부르짖어도 침묵하시던 하나님의 마음은 어떠셨을까? 성경은 증언한다.

"그런데 보아라, 성전 휘장이 위에서 아래까지 두 폭으로 찢어졌다. 그리고 땅이 흔들리고, 바위가 갈라지고, 무덤이 열리고, 잠자던 많은 성도의 몸이 살아났다"(마 27:51-52, 새번역).

나는 이 부분을 이렇게 해석한다. 견디다 못한 하늘이 끝내 운다. 땅도 운다. 자연(自然)이 울었다. 그래그래. 하나님도 함께 찢기고 같이 우셨던 거다. 예수님의 죽음에 우셨던 하나님은 이번 장례식에도 그냥 계시지 않으셨다. 가장 먼저 조문(弔問)으로 참여하셨다.

'별'스러웠던 장례식 ⑧

테스형의 가르침을 따라

"캐묻지 않는 삶은 가치가 없다."

"평생 선해지려고 노력해야 한다."

"우리가 행복하지 않다면 군함과 성벽, 번쩍이는 조각상이 무슨 소용인가?"

"죽지 않으려고 잔재주를 부려서는 안 된다."

테스형(나훈아가 불렀던 '소크라테스'의 애칭)이 말한 죽음에 대한 생각이다. 테스형은 "철학은 죽음에 대한 연습"이라며 "하루하루 영혼과 덕을 닦고, 죽음을 받아들이라"라고 권했다.

죽음은 헛기침과 함께 오지 않는다. 언제 어떤 방식으로 찾아올지 모르는 죽음을 맞이하기 위한 일이야말로 메멘토 모리의 삶 아닌가? 테스형이 말한 그대로 잔재주 부리지 않고 죽음을 연습하는 일 말이다. 죽음에 대한 연습과 죽음을 받아들이는 작업 중에 '종활'(終活)만 한 것도 없다. 종활이란 사전연명의료 의향서 작성, 장지 마련, 장례의향서 남기기, 상속과 인생 마무리 등 죽음을 준비하는 임종 활동을 뜻한다.

그중 대표적인 것이 '추억 남기기'이다. 유품 정리사로 일한 김새별 · 전해원은 떠난 이들의 뒷모습에서 배운 삶의 의미를 이렇게 정리한다.

"죽기 전에 우리가 꼭 해야 할 일이 있다면 바로 사랑했던 사람들과 추억을 남기는 일이다. 사랑하고 사랑받았던 기억들은 오래도록 우리 곁에 남아 세상 한구석을 따뜻하게 덥힌다고 믿기 때문이다."

효진이도 같은 문장을 접했던 것일까? 아빠가 췌장암 진단을 받자 아빠 · 엄마에게 제안했다. 사진찍기였다. 영상물 제작을 위해 사진을 건네받고 나는 말 그대로 깜짝 놀랐다. 평상시 모습이 아니었다. 영국 왕실을 보는 느낌이었다.

결혼식 야외촬영은 잘도 찍는데 장례식을 위한 야외촬영이 불가능하다는 건 또 뭔가? 그러고 보니 이 가족들과 나는 꿍짝

이 잘 맞았다. 참 외롭고 고독하게 장례 문화를 바꾸기 위해 싸워온 나에게 효진이가 준 위로였던 셈이다.

언젠가 장례식 골든글로브가 있다면 《오징어게임》의 오영수처럼 말할 수 있을 것이다.

"나도 괜찮은 놈이야!"

○

효진이는 아빠가 췌장암 진단을 받자 아빠·엄마에게 제안했다. 가장 사랑스러운 기억을 사진으로 남기자는 것이었다. 사진을 건네받고 깜짝 놀랐다. 영국 왕실을 보는 느낌이었다.

○

죽기 전에 우리가 꼭 해야 할 일이 있다면 바로 사랑했던 사람들과 추억을 남기는 일이다. 사랑하고 사랑받았던 기억들은 오래도록 우리 곁에 남아 세상 한구석을 따뜻하게 덥힌다고 믿기 때문이다.

별'스러웠던 장례식 ⑨

사소함 속 사소하지 않았던 것들

박진배(뉴욕주립 패션공과대 교수)는 백화점의 쇼윈도 세상을 이렇게 소개한다.

"패션 판타지를 만드는 사람을 '윈도 드레서'Window Dresser 라고 부른다. 짧은 주기로 계속 바뀌는 디스플레이에 맞추어 기발한 아이디어와 순발력, 집중된 노동이 요구되는 작업이다."

그러고 보니 운동장보다 넓은 백화점과 달리 쇼윈도는 새장만큼 좁다. 그런데도 그 작은 공간에서 백화점 전체를 드러내야 한다. 상상력과 창조 정신이 필요한 곳이다. 박 교수는 '작시, 해체, 과장된 스케일, 중력을 무시하는 연출 등의 온갖 기법'이 활용된다고 말한다. 디자이너들은 역사, 자연, 음악, 만화, 빈티지, 사회적 이슈, 클래식 영화나 발레 등 수많은 것에서 영감을 얻어야 한다.

나는 임종 감독도 똑같다고 여겼다. 늘 하던 대로가 아니다. 모든 죽음이 개별적이듯 추모단이 같을 수는 없다. 메모리얼 테이블의 디스플레이도 그렇다. 유가족들의 취향과 삶의 빛깔을 담아내야 한다. 조문객들에게 강한 인상을 남겨야 한다. 무겁기만 해서도 안 된다. 문화충격도 고려해야 한다. 그러면서도 고인의 살아온 삶의 발자취는 충실히 남겨야 한다.

박 교수는 쇼윈도의 매력을 "정체된 움직임, 예상치 못한 각도와 시점 그리고 극도의 편집성"에 있다고 꼽는다. 관객과 거리가 있는 연극 무대와 달리 사람들이 유리창에 코를 대고 가깝게 들여다보기 때문에 대충 만들 수 없다는 거다. 그러므로 핵심은 디테일에 있다.

디테일은 말 그대로 '사소(些少)한 것들'에 주목한다. 작고 사소해 보이는 것 속에 숨어 있는 위대한 가치를 섬세(纖細)하게 감지한다. 민감성이다. 여기에 의미를 부여한다. 인문학이 총동원된다.

이 '사소함'에 집착하여 20세기 건축에 획을 그은 사람이 미

제 아버지 방종현님께서
지구별 소풍을 끝내셨습니다.
천국환송식을 안내해 드립니다.

발　인 | 2021년 12월 29일(수) 오후 3:00
장　지 | 양평군 서종면 잠실 2길 35-55 하이패밀리
연락처 | [illegible]

코로나 방역과 조문객의 안전을 위해 가족과
친지 중심의 작은 장례를 치를 예정입니다.
조화는 정중히 사양합니다.

방효진 드림

추모의 마음 나누실 분은
[illegible]

Heaven Trip
나들이

임종 감독: 송길원 목사
예배 인도: 박정식 목사

○

부고장도 문자만이 아닌 사진과 함께했다. 그의 인생을 이미지 하나에 오롯이 담아내고 싶었다. 부고장에 처음으로 임종 감독의 이름도 새겼다. 책임과 품격의 표시였다.

○
허토에 앞선 합토(合土: 유골과 흙을 고루 섞는 일)도 짧은 시간 고인과 함께했던 마음을 담아 내가 직접 했다. 고인을 향한 나의 작별인사였다.

스 반 데어 로에(1886-1969)다. 당신도 그가 남긴 명언을 어디선가 들어봤을 것이다.

"신(神)은 디테일에 있다"God is in details.

쇼윈도 디자인의 성공 여부는 행인들이 유리에 남긴 손가락 지문과 코 자국에 있다고 했다. 나도 궁금했다. 이번 장례에 조문객들이 남긴 덕담과 뒷말 말이다.

'별'스러웠던 장례식 ⑩

애도의 여정

떠나보내고 떠나옴은 이 땅의 경계일 뿐이라고 하지만, 그게 어디 쉬운 일인가? 워싱턴대학교 토머스 홈스 교수에 의하면 스트레스 척도에서 배우자의 죽음은 100으로 단연 으뜸이다. 이어 이혼이 73으로 2위이고, 3위는 부부 별거로 65로 나타난다. 스트레스 호르몬인 코르티솔이 증가하면 혈액 속에 호중성 백혈구 활동이 저하된다. 면역력이 떨어지고 우울감에 빠진다. 체내염증 수치가 최소 17% 증가한다. 심장마비, 조기 사망, 뇌졸중에 걸릴 가능성이 높아진다.

"살다 보면 살아진다." 너무 가혹한 말이다. 예일대 보고서에 따르면 3년이 지나야 슬픔에서 온전히 벗어난다고 했다. 장례보다 장례 후(後)가 더 걱정되는 이유다. 우리 문화에서 장례에는 온갖 정성과 마음을 다한다. 그러나 3일간의 장례가 끝나면 모든 것은 절벽처럼 느껴진다. 마음 붙일 데도 없다. 믿음의 공동체가 개입해야 할 시점이다.

한국인은 유독 배우자를 잃은 슬픔을 오래, 심하게 앓는 것으로 나타났다. 이때 할 수 있는 일이 있다. 이별에서 슬픔을 완전히 제거하는 마법은 없다. 울음이 멈출 때까지, 기억이 희미해질 때까지 애도하며 서서히 작별하는 것만이 거의 유일한 방법이다.

애도란 피할 일이 아니니다. 아쉬움, 죄의식, 증오 등이 나를 괴롭힌다. 돌보지 않는 슬픔은 병으로 돌아온다.

누구는 이런 마음을 다스리기 위해 애도 일기를 쓴다. 추억 물품을 정리한다. 집 안에 사진 액자로 '그의 자리'를 만들기도 한다. 배우자가 즐기던 취미에 빠져들 수도 있고 그가 못다 한 봉사활동을 이어갈 수도 있다. 최고의 애도는 사랑했던 이의 상실을 삶 속에서 연결하는 일이다.

남편을 떠나보낸 최종숙 권사는 작은 기도 모임을 만들었다. 누군가를 위해 중보 기도할 수 있다는 것이야말로 하나님 품 안에서 위로받는 최고의 애도가 아니겠는가?

제3장

창세기 죽음 수업

결국, 우리는 육신의 껍데기를 벗고 거대한 흐름 속에서 사라져 티끌로 돌아갈 것이다. 원래부터 우리는 잠시 스치는 존재, 우리를 초월하는 전체의 한 파편이었다. 그동안 잘 버텨왔고 아직도 세상의 호의를 느낄 수 있음을 기뻐하자.

성경은 죽음 교본이다

'시작의 책' 창세기는 50장으로 구성되어 있다. 창세기 한가운데에는 배우자 선택과 혼인 과정이 길게 서술되어 있다(24장). 아내가 세상을 떠나자 믿음의 조상 아브라함이 장지(葬地)를 구하는 이야기가 또 한 장을 채운다(23장). 우주를 다루고 장엄한 창조세계 설계를 그려내기에도 턱없이 모자랄 텐데, 창세기가 이렇게 한가로울 수 있을까?

창세기 끝자락에 펼쳐지는 '임종 의식'은 더 놀랍다. 무려 두 장을 할애한다. 48장에 이르면 족장 야곱은 병든다. 죽음이 점점 다가오자 아들 요셉이 달려온다. 아버지는 "기력을 다하여 침상에서 일어나 앉았다"(창 48:2). 그리고 축복한다(48:3-7). 이어 손자들에게도 축복한다(8-22). 49장에는 생애 마지막 유언이 들어 있다.

"야곱이 아들들을 불러 놓고서 일렀다. '너희는 모여라. 너희가 뒷날에 겪을 일을, 내가 너희에게 말하겠다'"(창 49:1, 이하 새번역).

장면은 비장(悲壯)하고 내용은 절절하다.

> 너의 조상의 하나님이 너를 도우시고, 전능하신 분께서 너에게 복을 베푸시기 때문이다. 위로 하늘에서 내리는 복과, 아래로 깊은 샘에서 솟아오르는 복과, 젖가슴에서 흐르는 복과, 태에서 잉태되는 복을 베푸실 것이다. 너의 아버지가 받은 복은 태곳적 산맥이 받은 복보다 더 크며, 영원한 언덕이 받은 풍성함보다도 더 크다. 이 모든 복이 요셉에게로 돌아가며, 형제들 가운데서 으뜸이 된 사람에게 돌아갈 것이다(49:25-26).

최근에 이어령 선생은 이렇게 말했다. "자기 무늬의 교본은 자기 머리에 있어. 그걸 모르고 일평생 남이 시키는 일만 하다가 처자식 먹여 살리고 죽을 때 되면 응급실에서 유언 한마디 못하고 사라지는 삶, 그게 인생이라면 너무 서글프지 않나?" 그러면서 충고한다.

"한순간을 살아도 자기 무늬로 살게."

자기 무늬의 삶을 살아냈던 야곱이 자녀들 삶의 무늬도 그려내고 있다. 나는 창세기 끄트머리에서 '유언문장'의 아름다움을 본다. 황홀하기까지 하다.

그뿐인가? 요즘 말로 하면 '사전장례의향서'를 남긴다.

"야곱이 아들들에게 일렀다. '나는 곧 세상을 떠나서, 나의 조상들에게로 돌아간다. 내가 죽거든, 나의 조상들과 함께 있게 헷 사람 에브론의 밭에 있는 묘실에 묻어라'"(49:29). 이어진 50장은 장례의향을 따라 장례식을 행한 장면이다. 그리고 장례식 이후가 그려진다. 그 또한 감동이다. 화해와 용서 그리고 위로의 서사다.

> 형님들은 나를 해치려고 하였지만, 하나님은 오히려 그것을 선하게 바꾸셔서, 오늘과 같이 수많은 사람의 생명을 구원하셨습니다. 그러니 형님들은 두려워하지 마십시오. 내가 형님들을 모시고, 형님들의 자식들을 돌보겠습니다. 이렇게 요셉은 그들을 간곡한 말로 위로하였다(50:20-21).

이처럼, 창세기는 정확하게 "장지(葬地)-장례(葬禮)-장후(葬後)"를 그려내고 있다.

내가 창세기에서 발견한 '죽음 교본'이다, 나는 창세기가 보여주는 죽음을 꿈꾼다.

본향을 찾아가는 사람들

봄나들이 떠난 가족들, 꽃들 사이를 윙윙거리며 춤추는 벌을 보고 딸이 소리친다.

"아빠, 벌이다. 벌!"

그때 마침 하늘로 날아가는 벌을 보고 아빠가 말했다.

"너 벌이 어디로 날아간 줄 아니? 꿀 따러 가는 거야 꿀!"

그러자 딸이 대꾸한다.

"아냐, 아빠. 저 벌은 엄마를 찾아가는 거야."

어쩌면 이렇게도 시각차가 큰 것일까? 창세기는 본향을 찾아간 사람들의 일대기와 같다. 아브라함은 애초부터 자신이 어떤 존재인지를 정확하게 알았다.

"나는 여러분 가운데서 나그네로, 떠돌이로 살고 있습니다"(창 23:4).

야곱이 바로 앞에 선다. 바로가 야곱에게 나이를 묻는다. 야곱은 자기 나이가 130세라고 말한다. 그리고 그 나이를 이야기하기에 앞서 자기 신분을 고백한다.

"이 세상을 떠돌아다닌 햇수가 백 년 하고도 삼십 년입니다"(창 47:9).

자기도 나그네 인생을 살았다는 것이다. 이어 자신의 나이를 해석한다. '내 나이가 얼마 못된다. 우리 조상의 나그네 길 연조에는 미치지 못한다.' 여전히 조상도 나그네였음을 말한다. 이어서 나그네 길에 대한 해석이 뒤따른다.

"험악한 세월을 보냈습니다."

왜 '험악한 세월'이었을까?

야곱은 형 에서를 속인 일로 밧단 아람에 있는 외삼촌 집으로 도망갔다. 요즘 말로 하면 '망명'이다. 다시 가나안으로 귀환하지만 이내 '기근'을 만난다. 삶이 편치 않다. 야곱에게는 11명의 아들과 외동딸 디나가 있었다. 금지옥엽 키운 딸이었다. 그런데 어느 날, 그 딸이 히위 족속 중 하몰의 아들인 추장 세겜에게 성폭행을 당한다. 기막힌 노릇이다. 야곱의 아들들이 전면에 나서서 음모를 꾸민다. 그리고 할례를 핑계로 하몰과 세겜 성읍 남자를 죽인다. 끔찍한 살인이다.

야곱에게는 부인이 넷이나 있었다. 배다른 형제들이 함께 살았다. 그러던 어느 날, 라헬이 죽는다. 깊은 상처였다. 이것으로 끝나지 않고 배다른 형제들이 작당해 이번에는 요셉을 학대한다. 그리고 다른 나라에 팔아버린다. 자식을 잃은 참척(慘慽)의 아비가 된다.

그랬다. 말 그대로 '험악한 세월'이었다. 사실, 우리 인생이 그렇다. 볼 것, 못 볼 것, 당할 꼴, 당하지 못할 꼴 등을 겪으며 여기까지 왔다. 세상 삶이 험하지 않는 사람이 어디 있으며 험악한 꼴을 보지 않고 살아가는 사람이 얼마나 될까? 산다는 게 고통이다.

누군가 말했다. 50세가 넘었는데 아침에 일어날 때 어디 아픈 데가 없으면 이미 죽은 거라고. 육체적 고통만이 아니다. 헤어짐의 아픔, 상실의 고통, 좌절의 눈물이 있다. 실패의 고통도 우리를 찌른다. 한숨은 눈앞에 있고 꿈은 저 멀리 언덕 꼭대기에 서 있다. '험악한 세월'이 맞다.

험한 꼴을 보고 살았던 이런 인생을 성경은 뭐라고 묘사하나? 히브리서는 이를 이렇게 증언한다. "믿음으로 그〔아브라함〕는, 약속하신 땅에서 타국에 몸 붙여 사는 나그네처럼 거류하였으며, 같은 약속을 함께 물려받을 이삭과 야곱과 함께 장막에서 살았습니다"(11:9).

'타국', '거류', '장막'이란 단어를 주목해본다. 여기에서 '나그네'stranger란 무엇인가? 웹스터 사전은 외부인, 신참자, 외국인, 손님 혹은 방문자로 해석한다. 다른 사람에게 알려지지 않거나 친숙하지 않은 사람이다. 외국에 머무는 일시 거류자(居留者)를 의미한다. '언제라도 돌아갈' 나라와 고향이 있는 사람들이다. 이래서 초대교회는 '나그네'란 호칭을 참 자유롭게 썼다.

그게 믿음의 조상을 따르는 삶의 방식, 문법이었기 때문이리라.

키르케고르는 1849년, 《죽음에 이르는 병*Sygdommen til Døden*》에서 이렇게 말한다.

"죽음에 이르는 병은 절망이다. 그러나 이 병에 걸리는 것은 인간뿐이다. 동물은 절망이라는 병에 걸리지 않는다. 아담의 원죄로 말미암아 추방된 모든 영혼에게는 절망이 있고 그것은 하나님께 돌아갈 때만 해결될 수 있다."

여기서 '돌아갈 때'라는 말이 인상적이다. 그러니까 죽음은 하나님께로 돌아가는 것이다. 이것을 알면 삶은 달라진다. 시인 박노해는 말한다.

> 꽃이 지는 건 꽃의 완주이듯
> 죽음은 삶의 완성일 뿐.
> 삶의 반대는 죽음이 아니다.
> 삶의 반대는 다 살지 못함이다.
> _ 박노해, 《걷는 독서》 중

그래서 나그네는 '당장 죽을 듯이' 살아간다. 죽음을 인식하며 산다는 뜻이다. 세계적 지성으로 불리는 파스칼 브뤼크네르의 저서 중에 《아직 오지 않은 날들을 위하여》가 있다. 곳곳에 삶의 지혜가 담겼다. 그는 '나이 듦의 새로운 태도'를 말한다.

"포기를 포기하라." 그러니까 포기하지 말고 마지막까지 도전하라는 거다.

"아직은 퇴장할 때가 아니다." 한 마디로 '은퇴를 은퇴'시켜야 한다는 뜻이다.

"시시한 일상이 우리를 구한다." 시시하게 보이는 것이 찬란한 것이다.

이런 식이다. 책의 결론 부분이 흥미롭다.

결국, 우리는 육신의 껍데기를 벗고 거대한 흐름 속에서 사라져 티끌로 돌아갈 것이다. 원래부터 우리는 잠시 스치는 존재, 우리를 초월하는 전체의 한 파편이었다. 그동안 잘 버텨왔고 아직도 세상의 호의를 느낄 수 있음을 기뻐하자.

이루어지지 않은 기도가 참 많다. 그렇지만 우리가 올리지 않았던 기도가 100배로 성취되기도 했다. 행복한 인생이었든 고통스러운 인생이었든, 우리는 악몽을 관통하는 과정에서도 보물을 발견했다. 삶은 이보다 더 잔인하거나 지독할 수도 있었다. 우리는 상처받았지만 충만함을 얻었다.

매일 아침, 받은 바에 감사하면서 입 밖으로 소리 내어
'고맙습니다'라고 말하자.
당연히 받았어야 했던 것은 하나도 없었다.
이 터무니없는 은총이 감사하다.
_ 파스칼 브뤼크네르, 《아직 오지 않은 날들을 위하여》에서

나그네는 이런 '은혜'와 '감사'를 아는 자들이다.

나그네 인생의 프롤로그와 에필로그

최근 유행어 중에 '플렉스'Flex라는 게 있다. 자신의 여력을 끌어모아 마련한 사치품을 다른 사람에게 한껏 과시하는 것을 뜻한단다. '뽀대'를 내는 것이고, 일본말로는 '후카시'(ふかし) 잡는다고 한다. 순수 우리 말은 '품재기'다. 요즘 젊은이들 사이의 유행처럼 보이지만 사실 플렉스는 인류 역사와 함께했다. 황금과 보석으로 화려하게 꾸민 무덤이 대표적이다.

포클레인 기사가 우연히 발견한 6,500년 전으로 추정되는 불가리아 바르나 공동묘지에선 무덤 300기와 황금 유물이 발굴됐다. 특히 43호 무덤에선 온몸을 황금으로 치장한 일명 '황

금인간'이 발견되면서 '바르나 문명'이 재조명됐다. 그는 당시 부족 지도자로 추정된다.

온몸을 황금 장신구 등으로 두른 바르나의 '황금인간'은 성기도 마치 콘돔 같은 황금 덮개로 덮여 있었다. 당시 사람들의 평균 연령은 28세 내외였고, 평균 키는 남성 160cm, 여성 148cm에 불과했다. 하지만 이 황금인간은 키가 180cm가 넘고 나이도 50대에 가까웠다. 그리고 손에는 권력을 상징하는 황금으로 도금한 지휘봉을 들고 있었다.

바다 교역로를 장악한 덕분에 경제적으로 풍족해진 바르나 사람들은 많은 돈과 인력을 들여 고가의 황금을 만들 수 있었다. 그렇게 바르나 사람들은 석기를 사용하는 중에도 장신구는 황금으로 만들어 치장했다. 하지만 바르나인의 이런 '플렉스'는 오래가지 못했다. 기후가 바뀌고 사람들이 흩어지면서 영화도 순식간에 끝났다. 교역로가 끊어지면서 다시 이전 시대로 돌아갔고, 그들의 존재는 기억에서 완전히 사라졌다. 그들의 플렉스 종착역은 그저 무덤일 뿐이었다.

강인욱 경희대 사학과 교수는 이렇게 정리한다.

"남는 것은 해골뿐이다. 영원한 것은 황금이지 인간이 아니다. 우리가 아무리 노력하여 황금을 쌓아놓은들 결국 우리는 한 줌의 재가 될 것이다. 운이 좋아 봐야 바르나의 황금인간처럼 미래 박물관의 전시품이 될 뿐이다. 내 손에 걸친 황금은 우리에게 행복을 약속할 수 없다는 것이야말로 6,500년 전 최초의 황금인간이 우리에게 주는 가르침이 아닐까?"

그런데 이런 플렉스와 전혀 다른 삶을 살아냈던 한 인물이 성경에 등장한다.

"모압 땅 벳브올 맞은쪽에 있는 골짜기에 묻혔는데, 오늘날까지 그 무덤이 어디에 있는지를 아는 사람은 아무도 없다"(신 34:6).

얼마나 기막힌 이야기인가?

책을 쓸 때 맨 앞에 쓰는 이야기를 프롤로그라 한다. 소설이나 장편시의 서사나 서곡 또는 연극의 서막을 일컫는다. 프롤로그는 진행될 본편 내용을 부분적으로 상징하거나 보여준다. 음식으로 따지면 에피타이저다.

프롤로그와 반대되는 끝이 에필로그epilogue다. '마무리'란 의미다. 음식으로 말하면 디저트, 후식이다. 디저트도 요리의 한 부분이다. 코스요리를 마무리하는 디저트 맛에 따라 그날 전체 음식, 식사 분위기, 나아가 식당에 대한 총체적 평가가 결정된다. 단맛 위주의 오늘날 디저트는 19세기 이후에 자리를 잡았다. 식당주인들은 손님들이 디저트를 통해 느끼는 단맛이

궁극적으로 식당에 대한 '달콤한 추억'으로 연결되길 바란다.

우리는 왜 이렇게 달달한 디저트에 매달릴까?

'피크엔드 법칙'peak-end rule을 제안한 대니얼 카너먼 교수는 이렇게 말했다. "우리의 기억은 아주 선택적이어서 아무리 파티에 오랫동안 참석하고, 인간관계를 지속했더라도 극적인 순간이나 강렬했던 순간 그리고 마지막 순간만을 기억한다."

요리만이 아니다. 인생이 그렇다. 어떤 끝맺음을 했는가가 인생 성공 여부를 결정짓는다. 모세의 에필로그를 보라.

> 그 후에는 이스라엘에 모세와 같은 선지자가 일어나지 못하였나니 모세는 여호와께서 대면하여 아시던 자요 여호와께서 그를 애굽 땅에 보내사 바로와 그의 모든 신하와 그의 온 땅에 모든 이적과 기사와 모든 큰 권능과 위엄을 행하게 하시매 온 이스라엘의 목전에서 그것을 행한 자이더라(신 34:10-12, 개역개정).

홍해를 갈랐다. 반석을 쳐서 샘물이 터지게 한다. 민족을 이끌고 출애굽한다. 광야 40년을 백성과 함께한다. 그 마지막 모든 사람을 축복의 땅 가나안으로 인도한다. 그런 그는 말없이 조용히 사라진다.

이토록 위대한 리더였던 모세의 에필로그는 이것이다.

"그의 묻힌 곳을 아는 자가 없느니라"(신 34:6).

딱 한 문장이다. 너무 초라해 보이지 않은가?

김교문 목사(하와이 열방대학)는 말한다. "동시대 사람이자 세계를 지배했던 이집트 파라오의 에필로그는 수천 년이 지난 지금까지 그 기록과 흔적이 남아 있다. 연 인원 10만 명을 동원하여 20년에 걸쳐 자신의 끝을 준비하고 무덤을 만들었다. 10톤이나 되는 화강암 260만 개를 20년간 210계단 높이로 쌓아 만들었다. 어마어마한 피라미드가 파라오의 에필로그이다."

파라오와 달리 모세는 플렉스를 거부했다. 이래서 사람은 에필로그에 따라 파라오와 모세, 두 종류로 구별된다.

모세의 마지막 모습을 성경은 이렇게 증언한다. "모세가 죽을 때에 나이가 백스무 살이었으나, 그의 눈은 빛을 잃지 않았고, 기력은 정정하였다. 이스라엘 백성은, 모압 평원에서 모세의 죽음을 애도하는 기간이 끝날 때까지, 모세를 생각하며 삼십 일 동안 애곡하였다"(신 34:7-8).

사람은 세 번 죽는다고 한다. 심장이 멈출 때, 흙 속에 몸을 매장할 때 그리고 사람들 기억에서 잊힐 때 마지막 죽음을 맞는다. 사람은 태어난 날보다 죽음으로써 증명된다. 이는 만고불변의 진리다. 독일 격언에도 "끝이 좋으면 모든 것이 좋다"Ende gut, Alles gut가 있다.

내 심장이 멈추고 호흡은 잦아들 때 내 손을 붙잡아줄 가족이 있다면 '행복한 인생'이다. 두 번째 죽음이라 불리는 흙 속에 매장될 때 시신을 운구해줄 네 명의 친구가 있다면 그는 '성공한 인생'이다. 그리고 마지막, 내 무덤을 찾아와 말없이 울어주는 누군가가 있다면 그는 '존귀한 인생'이라 할 것이다.

모세의 죽음이 그랬다. 비록 비문은 남기지 못했지만 그는 하나님 마음에 영원히 있다. 남겨진 사람들의 기억에 있다. 한 사람은 기억에서 사라지고 한 사람은 기억에 남는다. 동상을 세운 이는 잊히고 비문 하나 없는 모세는 오래도록 살아 있다.

그리스의 가장 위대한 정치가 페리클레스는 페르시아와의 전쟁에서 승리하고 국가적인 업적을 많이 남겼다. 페리클레스보다 더 위대한 정치가는 그리스 역사에 없을 것이라는 평가를 받는다. 사람들은 그에게 '왜 동상을 세우지 않느냐?'라고 물었는데, 그때마다 그의 대답은 한결같았다.

"'왜 이따위 인간의 동상이 여기 있는가?'라는 말보다, '왜 이런 귀한 분이 동상도 없는가?'라는 말을 들어야 하지 않겠는가? 나는 그 후자를 택하고 싶소."

역사상 최악의 에필로그를 남긴 주인공은 누구일까?

헤롯 안디바(B.C. 20~A.D. 39)다. 그는 동생 빌립의 아내를 빼앗았다. 세례 요한은 그 일을 책망하다 투옥당했다(막 6:17). 자기 생일잔치에 흥이 오른 헤롯 안디바는 딸의 간청을 받아들여, 세례 요한의 머리를 쟁반에 담아 오라고 명한다(막 6:27). 음식을 담는 쟁반 위에 머리가 오른다(막 6:28). 왕의 생일잔치에 배설된 코스 요리의 디저트는 끔찍하게도 요한의 머리였던 셈이다. 사람의 생명을 디저트로 취했던 그의 에필로그는 어떻게 기록되었을까?

> 헤롯이 날을 택하여 왕복을 입고 단상에 앉아 백성에게 연설하니 백성들이 크게 부르되 이것은 신의 소리요 사람의 소리가 아니라 하거늘 헤롯이 영광을 하나님께로 돌리지 아니하므로 주의 사자가 곧 치니 벌레에게 먹혀 죽으니라(행 12:21-23, 개역개정).

헤롯도 파라오의 에필로그를 따라갔다. 그렇다면 나는 어떠한가? 이 질문으로 사는 인생이 나그네 인생이다.

그렇다면 모세의 프롤로그는 어떤 것이었을까?

“레위 가족 중 한 사람이 가서 레위 여자에게 장가들어 그 여자가 임신하여 아들을 낳으니…”(출 2:1-2, 개역개정). 생명의 시작! 이어령 선생은 ‘지성에서 영성으로’ 옮겨간 삶의 궤적에 대한 신앙고백을 이렇게 토해낸다.

> 죽음 앞에서 당당하게 홀로 웃을 수 있는 사람은 역사적으로 예수 한 분뿐이었다네. 그래서 나는 기독교인이 됐어. 다른 이들은 죽기 전에 제자들이라도 찾아와 울고불고했지. 예수 돌아가실 땐 제자들은 다 도망갔어. 죽고 나서 돌무덤으로 가서 부활한 예수를 발견한 사람은 여자였어. 죽은 예수가 불쌍해서 찾아간 힘없는 여자지. 잘난 남자들은 다 어디 가고 왜 여자였을까? 생명자본…. 그 의미를 생각해보게. 여자들은 끝없이 생명을 낳고 일으킨다네.
>
> 하나님이 아브라함에게 한 축복을 떠올려 보게나. 끝없이 어린아이를 낳아서 지상을 무엇으로 덮으라고 했나? 생명으로 덮으라고 했어. 눈물 나는 이야기야. 모든 게 죽어가고 사그러드는데, 이 지구를 초록색으로 덮듯 생명으로 가득 덮으라고 했네. 생육하고 번성하라. 목적 같은 것 없어. 생명, 살아 있는 것, 그게 이 세상이라네. 눈물 나는 세상이라네.
>
> _《이어령의 마지막 수업》에서

성경 66권의 프롤로그인 창세기의 지엄한 명령이 "생육하고 번성하여 땅에 충만하라 땅을 정복하라"(창 1:28)였다. 그 명령을 따라 생명으로 피어난 모세의 프롤로그. 에필로그답게 프롤로그도 한 문장이었다.

하지만 그의 삶은 여러 권의 성경책과 이야기로 역사를 덮고 지금까지 이어지고 있다.

"죽음을 두려워하지 말고 잘못 산 인생을 두려워하라."

_베르톨트 브레히트, 작가

병상 세족식

> 유월절 전에 예수께서는, 자기가 이 세상을 떠나서 아버지께로 가야 할 때가 된 것을 아시고, 세상에 있는 자기의 사람들을 사랑하시되, 끝까지 사랑하셨다 (요 13:1).

과거 농경사회에서는 임종 예배가 가능했다. 어울려 살았고 집에서 숨을 거두었기 때문이다. 자정을 넘긴 시간에라도 목회자는 달려가 마지막 순간을 지키며 기도하고 예배했다. 그러나 지금은 거의 불가능하다. 그런데도 임종 예배는 드린다. 한마디로 가짜다. 뒤늦게 예배의 틀을 빌려 통과의례를 치르는 셈이다.

의학의 발달은 죽음을 예측할 수 있게 도와준다. 기상예보처럼 비교적 정확하다. 믿음의 가족들에게 3개월 또는 6개월이 남았다는 의사의 통보는 마치 천국 초청장과 같다. 임시직에서 상근직으로의 전환이기도 하다. 이때 목회자의 인도하에 예수님이 그러하셨듯 가족을 모아 '세족식'을 먼저 할 수는 없을까?

세족식은 각 티슈가 아닌 롤 티슈의 '끝까지' 사랑을 이어가는 가장 아름다운 임종의식이 된다. 대략을 스케치해 보면 이렇다.

1. 가족들이 다 함께할 수 있는 시간에 모인다.
2. 목회자가 세족식을 집례한다. 가족들에게 그간의 미담과 비화도 이야기하면서 목회자와 온 가족이 아버지 또는 어머니의 발을 씻겨준다. 물론 성경에 나오는 세족식에 대한 배경 설명도 더한다.
3. 이어 부모가 자녀들의 발을 하나하나 씻겨주며 축복의 말을 건넨다.
4. 교회는 목회자 또는 작은 찬양팀이 세족식을 돕는다든지 카메라와 비디오로 극적인 순간을 영상으로 담아 건넨다.

어떤 효과가 있을까? 불현듯 찾아온 죽음 앞에 가족들은 당황하지 않게 된다. 임종 시에 매듭 짓지 못한 일에 대한 죄책감을 덜 수 있다. 목회력이 회복된다. 이전에 목회자들의 몫이었던 염습 이상으로 큰 감동을 안길 수 있다. 정신이 말똥말똥할 때 나눈 세족식 장면과 당부의 말들은 자녀들에게 가장 아름다운 유훈(遺訓)이자 유산이 된다.

이보다 더 좋은 죽음 준비 교육은 없다.

나는 또 한번 창세기는 '엔딩'Ending이 아니라 '앤딩'Anding임을 새긴다.

"송길원님, 코로나19 PCR 검사결과, 음성입니다."

대학 합격통보를 받은 것 이상으로 기뻤다. 세족식을 위한 샘병원 방문 전 검사 과정에서 병원 측은 엄격했다. 환자 상태가 급격히 나빠지고 있다는 말에 마음이 불안해졌다.

오후 3시, 〈앰뷸런스 소원재단〉 차량이 병원을 향해 미끄러지듯 들어섰다. 샘누리홀에는 우리보다 먼저 도착한 이들이 있었다. '내 생애 마지막 세족식'을 돕기 위해 달려온 이들이었다. 그들이 뿜어내는 선율이 콩당거리던 가슴을 진정시켰다.

오후 3시 20분, 진행 일정을 나눈 다음 환자를 이송하기 위해 병실로 올라간 20여 분 뒤, 병실 상황이 전달되었다. 환자 이동이 불가능하단다. 두 손 모아 기도했다. "하나님, 은혜를 베풀어주소서."

3시 50분, 김용복 원장이 채플에 들어섰다. 세족식에 참여하기 위해서였다. 그간 병원 측의 협조와 환자 중심의 치료에 감사를 드렸다. 병원장은 선교지에서 무려 7년간 봉사를 한 분이었다. 둘이 이런저런 이야기를 나누는 동안에도 병실 쪽에서는 아무런 기척이 없었다. 시간은 이미 4시를 넘어서고 있었다. 이

때의 초조함이란….

4시 7분, 드디어 산소마스크를 낀 채 침대가 들어섰다. 조금도 시간을 지체할 수 없었다. 우리는 민첩하게 움직였다. 원목이 기도했다. 이어 가족들이 선곡한 찬양, 〈은혜〉(손경민 곡)가 흘러나왔다. 짧은 말씀과 시를 소개한 후 세족식을 행했다.

"여보, 여보, 어저께 집에 가자고 했는데… 나 좀 집에다 데려다달라고 했는데 못 데려다줘서 미안해. 여보! 미안해. 이제 내가 지금부터 옆에 계속 있을 거야! 여보, 내가 많이 사랑하지. 여보! 내가 발을 평상시에 안 씻겨줬는데, 그런데 오늘 이렇게… 미안해 여보. 발 한 번을 못 씻겨줬네요."

정신이 희미해져 가는 남편을 흔들어 깨우는 아내(최종숙)의 목소리에는 안타까움과 절절함이 그대로 묻어 있었다. '여보', '여보' 소리가 터져 나올 때마다 십자가에서 '엘리, 엘리'를 부르던 주님을 떠올렸다.

이어 딸(방효진)이 아빠 발을 씻기기 시작했다. 눈물이 주르륵 흘러내리고 있었다.

"아빠, 사랑해. 아빠가 내 아빠라서 너무 행복했고, 항상 너무 고맙고 지금까지 낳아주고 길러줘서 너무 감사해요. 많이많이 사랑해요. 발이 너무 팅팅 부었다…." (찍힌 영상을 들여다보던 우리 직원도 눈물을 훔쳤단다.)

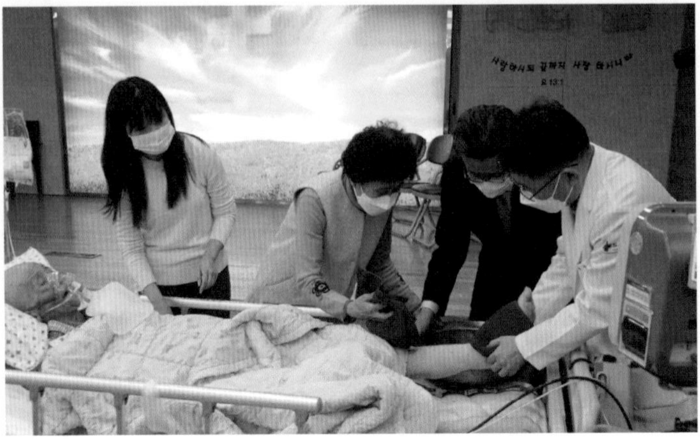

○
정신이 희미해져 가는 남편을 흔들어 깨우는 아내의 목소리에는 안타까움과 절절함이 그대로 묻어 있었다. 이어 딸이 아빠 발을 씻기기 시작했다.

이어 준비한 축가와 함께 축도가 이어졌다. 아내가 소리쳤다.

"여보, 우린 죽음이 무섭지 않아! 우리 천국에서 다 만날 거야. 그치?"

믿음의 승리였다.

"죽음아, 너의 승리가 어디에 있느냐? 죽음아, 너의 독침이 어디에 있느냐"(고전 15:55)

임종의식으로 처음 시작한 병상 세족식은 승리의 찬가로 끝맺었다.

다음 날, 그의 아내로부터 카톡 편지를 받았다.

목사님!

세족식은 하나님이 목사님을 통해 우리 가족에게 주신 너무나 큰 선물입니다! 은혜! 한없는 은혜입니다!

남편이 오늘은 말똥말똥한 정신으로 그날 세족식에 있었던 이야길 합니다. 딸과 함께 꼭 목사님을 찾아가서 감사 인사 드리라고 유언처럼 말합니다.

"하나님이 나를 사랑하신다"라고 하면서 하나님께 '죄송하다'고 하는 남편을 보면서 정말 남편이 남은 시간에 새 역사를 써 내려가는 지금 순간들이 제겐 감격입니다!

원래 계획에는 남편이 아내와 딸의 발을 씻어주는 순서도 있었지만 그는 끝내 침상에서 일어나지 못했다. 두 분이 나누었던 대화를 통해 이날의 아쉬움을 달랠 수 있었다.

〈앰뷸런스 소원재단〉의 병상세족식 장면이다.
샘병원 채플에서 진행되었다.

오! 마이 캡틴

Oh! My Captain

수업을 알리는 벨 소리가 들렸다. 얼마나 오랜만에 들어본 소리인가? 살짝 긴장했다. 교실로 들어선 선생님의 얼굴도 상기되어 있었다. 우리는 일제히 일어서서 박수로 선생님을 맞이했다. 반세기가 흘러 마주 보는 얼굴이라니. 그때 또다시 구령 소리가 들렸다. "전체, 선생님을 향하여 경례!" 우리는 일제히 고개를 숙였다. 선생님도 고개를 숙이셨다.

이 날은 이정삼 선생님의 생전식(生前式), "생애 마지막 수업"에 이어 오찬과 세족식 등으로 꾸며진 앤딩 파티가 열리는 날이다.

선생님은 마르틴 부버의 '나와 너'를 화두로 우리의 만남은 '은총'이었다고 고백했다. 콧잔등이 시큰해지는 순간이었다. 선생님은 자기 삶의 발자취를 파노라마처럼 그려내셨다. 나무 젓가락을 사용할 줄 몰라 젓가락 하나로 우동을 먹으려던 그 배고팠던 어린 시절, 일찍 아버지를 여의고 공부 열정을 피워 낸 청소년 시절, 인생 허무에 자살을 시도했던 가슴 저미는 이야기…. 학창 시절, 철부지 제자들의 에피소드를 자신의 이야기처럼 쏟아냈다. 내용만 들으면 울어야 하는데도 우리는 웃었다. 선생님의 이야기는 늘 그랬다. 슬프면서도 웃기고 웃기면서도 의미를 가득 품고 있었다. 그러면서 툭 던지는 인생 교훈이 있었다. 선생님의 실력은 전혀 녹슬지 않았다. 총명은 여전히 반짝반짝 빛나고 있었다. 학창 시절 그대로였다.

"별을 그려라. 그리고 별을 바라보라. 그래야 인생의 방향을 놓치지 않는다."

선생님은 제자들에게 마지막 부탁을 하셨다. 85세의 인생 고수가 60대의 제자들에게 남길 말씀이 무척 궁금했다. 첫 마디는 "이성을 조심하라"였다. 무엇보다 "겸손하고" 인생의 "마지막 경주를 다하라" 하셨다. 우리는 모두 고개를 끄덕였다. 그런 다음, 선생님은 새벽녘에 쓰셨다는 자신의 시를 낭송했다.

노인의 바람

이정삼

금방 놓고 찾지 못하고 금방 듣고 또 묻는다
눈이 뿌옇고 귀가 먹먹해 백내장 걷어내고 보청기 달았다
지팡이 한 등급 올려 휠체어로 바꾸고 눈 덮인 머리 위로 까마귀

날아간다

산 오르고 싶을 때 상상 등산하고 바다 보이지 않아도 갯냄새 따라 코 벌름거린다.

친구 소천 소식에 총알 귀밑으로 지나가고
읽던 책 휴지 아저씨 주고
입던 옷 수거함에 넣고 망각의 보따리 택배로 천국 보냈다
나의 오염수 피의 강물에 쏟아 버리고 주소 이전만 남았다.

제자들 기쁜 소식에 보름달이 휘영청,
저녁노을에 수많은 얼굴 보인다
죽기 전에 노인의 옷 땅에 묻고 새 옷 갈아입고
고즈넉한 찻집에서 제자들 만나 삶의 보따리 하나씩 하나씩 밤새도록 풀어보고 싶다.

마지막 수업은 그렇게 마무리되었다. 전도자가 말했던 '메멘토 모리Memento Mori'와 '카르페 디엠Carpe Diem'이 절묘하게 섞인 인생 교훈이었다. 나는 강의 내내 로빈 윌리엄스 주연의 영화 〈죽은 시인의 사회〉(1989)를 떠올렸다. 이정삼 선생님이 곧 키팅 선생이었다. 키팅이 제자들에게 말하지 않았던가? 자

신을 "오! 캡틴, 나의 캡틴"으로 불러달라고. 선생님은 주문하지 않았지만 이미 우리는 모두 선생님을 향해 외치고 있었다.

"오! 마이 캡틴."Oh! My Captain

마지막 수업을 끝내고, 장소를 오찬장으로 옮겼다. 식사 나누기 전, 스크린에 흐르는 영상을 보았다. 영화 〈달링〉(2017, 원제: BREATHE)의 '미리 나누는 작별인사'의 명장면들이었다. 우리는 다 알고 있었다. 모두 할 말을 미리 생각해왔을 것이다.

누구는 삼행시로 선생님에 대한 마음을 표현했고 누구는 편지를 쓰기도 했다. 작별인사인데도 슬프지 않았다. 슬픔을 제

© 이영렬

○

이날 세족식이 있었다. 선생님이 제자들의 발을 씻기며 축복했다.

어하는 장치가 있었다. '에피소드'였다. 이날 우리는 다 함께 낄낄댔고 환하게 웃었다. 모두 개구쟁이였다. 말 그대로 잔치였다. 니체의 '인간적인 너무나 인간적인' 에피소드로 '서로 사랑하는 사람'을 만들어놓았다. 모교 브니엘의 교훈이 살아나고 있었다. "나는 웃는 자와 함께 웃고, 우는 자와 함께 우는 사람이 되련다."

나는 두 손 모아 기도했다. 1급 장애를 앓고 있어 함께하지 못한 사모님께도 오늘의 이 감동이 전달되기를…. 선생님도 몸속에 찾아든 암을 잘 이겨내시길…. 그리고 우리 모두 선생님처럼 남은 인생을 별처럼 살아낼 수 있기를.

선생님을 위한다는 앤딩 파티는 실상 나를 포함한 제자들 모두에게 또 하나의 인생 변곡점이 되고 있었다. 크로노스Chronos가 아닌 카이로스Kairos 말이다. 모든 영화는 명대사와 라스트 신으로 기억되지 않는가? 나는 선생님의 라스트 신을 '카퍼레이드'로 기획했다. 선생님은 언제 준비해 오셨는지 선글라스를 끼고 차에 앉아 손을 마음껏 흔드셨다. 그러고 보니 영락없는 제임스 본드였다. 그때도 우리의 꿈이고 스타이셨으니….

차는 운동장을 두 바퀴 돌고 교문 밖을 서서히 빠져나갔다. 차량이 시야에서 사라질 때까지 모두 손을 흔들었다. 입에서 수도 없이 '안녕'이란 소리가 흘러나왔다. 작별인사이면서 만

남의 인사가 되는 '안녕'이 이날 따라 참 좋았다. 또다시 만날 그날을 그리워하며 우리는 그렇게 작별인사를 했다.

"뷰티풀 안녕!"

선생님의 앤딩 파티: 별로 살다가 별이 되다●

권혁재

'죽음은 헛기침을 하고 찾아오지 않는다'고 하죠. 선생님은 최근 친구의 죽음 앞에 나름 충격이 컸던 듯합니다. 전화를 걸어오셔서 한참 동안 '죽음 이야기'를 하셨죠.

사실 죽음 이야기는 선생님의 트레이드 마크였습니다. 제가 1973년 고등학교를 갓 입학했을 때도 수업의 상당 부분이 죽음 이야기로 채워졌지요. 심지어 부산 당감동 화장장(지금은 사라지고 없지만)을 찾아보라고 했어요. 선생님은 '죽음을 알아야만 인생을 안다'는 인문학자이셨죠.

전화 중, 제가 뜬금없는 질문 하나 던졌죠.

"선생님은 장례를 어떻게 하실 겁니까?"라고요.

"가족들끼리 모여 작은 장례를 해야 한다"고 하셨어요.

● 2022년 6월 21일, 중앙일보 권혁재 기자와의 인터뷰 원문을 정리해 실었다. 〈[인생사진 찍어드립니다] 칼 들고 설치는 학생도 품었다…85세 선생님의 Anding 파티〉.

© 권혁재

○

일생 제자들의 별로 살아온 스승을 위해 제자들이 땅바닥에 누웠습니다. 그렇게 스승과 제자는 별이 되었습니다. 이는 스승을 이어 제자들 또한 누군가의 별이 되고자 하는 다짐이기도 합니다.

그래서 그러면 저희 제자들과 미리 작별 인사하시면 어떠냐고 했죠. 흔쾌히 하시겠다는 거예요. 학창시절 선생님의 수업은 언제나 '유쾌한 반란'이었지요. '역시나' 했어요. 그래도 생전 장례식이라 할 수 없잖아요. 그래서 '엔딩 파티'라 이름 붙였어요.

선생님은 "죽고 난 다음 너희끼리 까불까불하면 뭘 하냐. 살아서 신나는 이야기를 하고 남길 말도 남겨야지. 꼴까닥 하고 가는 인생이 서럽다" 하셨죠. 그 소원 하나를 읽고 제자 노릇 제대로 한번 해 드리고 싶었어요.

© 권혁재

○

50년 만에 수업을 듣는 제자들은 선생님의 웃음에 따라 웃고, 선생님의 울음에 따라 웁니다. '웃는 자와 함께 웃고 우는 자와 함께 울라는 말씀'의 수업입니다.

친구들에게 선생님의 마음을 전했지요. 살아계실 때 "따뜻한 밥 한 그릇 먹자"고…. 후배들까지 동참했어요. 다들 선생님을 존경하고 사랑하는 제자들이었죠. 모교도 한 번 찾아가 보고 싶었죠. 50년이 다 되었으니 반세기잖아요. 드레스 코드는 교복으로 정했어요. 선생님이 반백의 제자들 앞에서 50년 전의 타임캡슐을 타고 나타나시면 그만큼 회춘하는 거 아닐까요?

교실에 종이 울리면 등장하셔서 '마지막 수업'을 하기로 하셨죠. 이어서 도시락을 까먹던 시절을 회상하며 〈도시락 최후의 만찬〉을 갖기로 했죠. 제자들이 옛날 어린 시절 선생님 흉도 보고, 우리에게 별이 되셨던 일에 감사도 하려고 해요. 물론 노래도 불러야겠죠. 선생님 덕분에 이만큼 컸다는 재롱잔치죠.

마지막 수업에 이어 선생님은 수업에 참석한 제자들의 발을 씻겨주기로 하셨고요. 평생 예수의 삶을 사셨던 선생님의 제자들을 향한 축복의 시간이 되겠지요.

저희는 조의금이 아닌 축하금을 모아 사모님과 여행 떠나시라고 할 작정이에요. 그리고 한 지인의 롤스로이스 차량을 준비했어요. 뚜껑 열리는 차잖아요. 운동장을 한 바퀴 돌고 '안녕'으로 작별의식을 마치려고요. 마지막 작별의 엔딩 신을 영

© 권혁재

○

마지막 수업이 시작됩니다. 여든 다섯살의 선생님과 어느새 선생님만큼 머리가 센 제자들은 50년 전의 학창시절로 이내 돌아갑니다.

화처럼 간직하고 싶었어요. 진짜 뚜껑들 열리겠죠?

이날 다 참석을 못 하기에 줌으로 중계를 하려고 해요. 해외에 가 있는 제자들도 참여할 수 있겠죠. 디지로그 엔딩 파티입니다. 저희는 'Ending'이 아닌 'Anding'을 쓰기로 했어요. 아직도 끝나지 않은….

실상은 선생님만이 아닌 우리 자신들을 향한 이야기고 시간일 거라 여겼어요. '웃는 자와 웃고 우는 자와 함께 울라'던 교훈을 따라 남은 인생 잘살아봐야겠죠. 그게 우리를 향한 선생님의 마음 일터니까요.

_제자들을 대표하여 송길원

수업 종이 울렸습니다. 가슴에 이름표를 단 학생들이 선생님을 맞이합니다. 거의 50년 만의 수업이자 마지막 수업입니다. 참 여기서 '마지막'은 'Ending'이 아닌 'Anding'의 의미입니다. 끝일 터지만 아직 끝나지 않은 수업, 여든다섯살의 선생님은 머리가 허옇게 센 제자들과 마주하여 50년 전처럼 그렇게 수업을 시작했습니다.

A. "예전에 학교에 큰일도 많았습니다. 우리가 다 아는 '노타치'의 우두머리였던 친구가 있었죠. 한번은 학생들이 톱 · 칼· 낫 · 몽둥이

© 권혁재

○

서로의 손을 잡고 제자들이 운동장에 섰습니다. 그들이 손잡고 선 모양, 다소 삐딱해도 나름대로 별입니다. 좀 삐딱하면 어떻습니까. 별로 살아온 스승을 위해 제자들이 온 마음을 모아 만든 별이니 스승의 얼굴엔 웃음꽃이 필 밖에요.

들고 나서는 큰 사달이 났죠. 일이 컸잖아요. 일이 컸으니 모두가 그 친구를 퇴학시켜야 한다고 했죠. 저는 퇴학시키면 안 된다고 했습니다. 교육으로만 안 되는 게 있으니 내게 맡겨 달라고 했죠. 그렇게 그 친구를 불러서 자장면도 사주고 우동도 사주면서 맺힌 걸 풀어나갔죠. 지금 어린이집 잘하고 있지 않습니까. 하하하"

가만히 지켜보니 선생님의 수업엔 웃음과 눈물이 있었습니다. 제자들은 숨죽여 듣다 느닷없는 유머에 웃고, 웃다가 시나브로 눈물을 훔칩니다.

A. "한창 사춘기일 때 꼬치가 적어서 고민인 친구가 있었습니다. 12시간 안에 해결책을 안 주면 죽겠다는 편지를 내게 보내왔죠. 그 친구를 데리고 병원에 갔죠. 의사 선생이 포경수술을 해야 한다고 하더라고요. 이어 의사 선생은 '나중에 발기를 자주 시키라'는 처방을 내렸습니다. 또 '적당한 시기에 자위하게끔 하라'고 합디다. 우리는 그때 자위라는 걸 죄악시했는데 그 선생은 그래야 나중에 부부 생활을 원활히 한다고 하더라고요. 그 의사 선생에게 한 수 배운 겁니다. 그 친구가 신혼여행 갔다 와서 우리 집에 온 거예요. 왜 왔겠습니까? '우리 신혼에 이상 없다'는 말 아니겠습니까! 하하하"

서로가 금기시하며 몰랐던 시절의 이야기였습니다. 자그마치 반세기 전의 이야기건만 머리가 센 제자들이 하나같이 고개를 끄덕일 수밖에 없는 이야기였습니다. 선생님의 수업은 계속 이어졌습니다.

A. "사실은요. 계속해서 물을 주면 콩나물이 자라듯 언젠가 이 친구들도 큰 인물이 될 것이라는 믿음을 가지고 있었습니다. 믿음과 꿈, 사람에겐 이 두 가지 있어야 합니다. 꿈꿀 수 있게 하려면 별을 보게 해야죠. 별을 봐야 방향을 잡을 수 있잖아요."

이 'Anding' 파티에 참여한 김종두 목사가 이정삼 선생님을 두고 이리 말했습니다. "폭풍 노도의 시대에 브니엘 정신으로 살게 한 스승이 이정삼 선생님이십니다. 우리에겐 하늘의 별과 다름없는 분이십니다."

사실 이 'Anding' 수업과 모임을 하는 내면에는 고교 시절 이정삼 선생이 가르쳤던 죽음에 관한 철학이 배어있습니다. 당시 왜 이 선생님은 아이들에게 화장장에 가보라고 했을까요? 이 선생님이 수업 말미에 들려준 의미는 이러합니다.

A. "제 손으로 장례를 한 1200번 치렀죠. 염을 한 500명 이상 했습니다. 삶이 어려운 분들은 주변에 누가 세상을 떠나면 다 당황해요. 준비된 게 있을 리 없죠. 그래서 나는 자동차 뒤에 남녀 수의를 한 벌씩 갖고 다니죠. 곽(관)도 무료로 제공하고요. 화장장에 가보면 온갖 삶을 다 만날 수 있습니다. 인생의 끝을 봐야 내가 이끌어 나갈 삶의 지표와 방향을 잡을 수 있습니다. 그걸 안 보면 제멋대로 살아가게 되니까요. 그래서 화장장에 가보라고 한 겁니다."

결국 죽음에서 삶을 보고 삶의 지표를 찾으라는 가르침이었습니다. 그 가르침대로 반세기나 지나 제자들이 죽음, 장례, 헤어짐의 의미를 다시금 새기고 있는 겁니다. 식사하며 제자들이

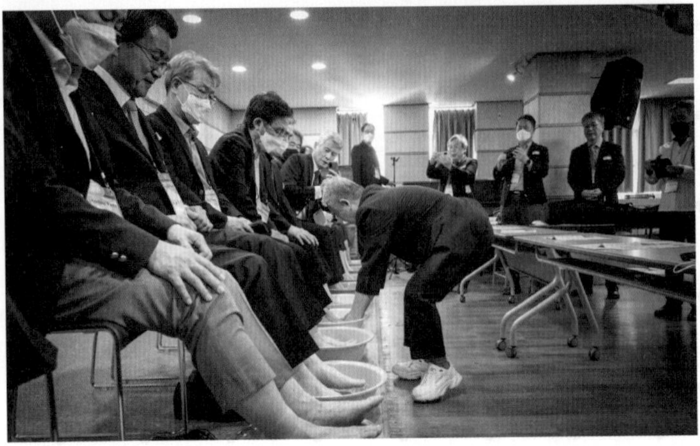

© 권혁재

○

선생님이 제자들의 발을 씻겨줍니다. 평생 예수의 삶을 살았던 선생님이 제자들에게 주는 축복입니다. 이는 끝인 'Ending'이 아닌 또 다른 'Anding'의 의미이기도 합니다.

선생님에게 봉투를 두 개 건넸습니다. 하나의 봉투는 조의금이 아니라 축의금이라고 했습니다. 이는 죽고 난 다음 의식보다 살아있을 제 마음을 나누자는 의미였습니다. 가히 '유쾌한 반란'이 아닐 수 없었습니다. 또 하나의 봉투에 '이정삼' 이름으로 제자들이 지은 삼행시가 들어있었습니다. 게 중 하나를 소개하자면 이러합니다.

이, 이놈 저놈들이 말썽을 부려도

정, 정이 많으셔서 항상 참으시고

삼, 삼 년 동안 믿음, 소망, 사랑을 가르쳐 주셔서 감사합니다.

스승의 이름을 빌려 털어놓은 제자들의 속내, 스승에겐 내내 곱씹고 또 내내 품고 갈 이야기가 생긴 겁니다. 진정한 의미의 'Anding'인 겁니다. 마지막으로 새길 기념사진을 찍으며 제자들이 아이디어를 냈습니다.

그것은 그들이 별 모양이 되는 사진을 찍자는 아이디어입니다. 이는 그들의 별로 살아오신 스승을 기리고자 하는 마음입니다. 그리고 어쩌면 그들도 누군가의 별로 살겠다는 다짐이기도 했습니다.

© 권혁재

○

수업을 마치자 누구 하나 그리 시키지 않았건만 자연스레 제자들이 복도에 섰습니다. 박수로 스승에게 감사 인사를 드리고자 하는 마음입니다.

© 권혁재

○

제자들은 스승을 위해 별을 만들고자 애를 쓰지만, 마음먹은 대로 몸이 따라주지 않습니다. 비록 몸이 따라주지 않지만, 별을 만들고자 하는 마음만큼은 차고 넘칩니다.

© 권혁재

○

선생님이 뚜껑 열린 롤스로이스를 탔습니다. 제자들은 선생님에게 꽃을 던지며 'Anding' 파티를 마무리했습니다. 꽃을 받고 떠나는 선생님과 꽃을 던지며 배웅하는 제자들에겐 영화의 엔딩 신처럼 잊히지 않을 하나의 장면이 가슴에 맺힐 겁니다.

제4장

눈물에는 눈물이 답

나는 안다. 눈물에는 눈물만이 답인 것을. 눈물은 신(神)의 영역이다. 자식을 십자가에 죽게 하셨을 때 하나님의 마음이 어떠셨을까? 견디다 못한 하늘은 울고 땅도 울었다. 그렇다. 자연도 울 줄 안다.

어머니는 아들 이름 석 자가 새겨진 와비(臥碑)를 붙잡고 한없이 운다. 어머니의 울음은 그 어떤 말로도 달래지지 않았다. 옆에서 서성이는 손자는 포기한 듯했다. 스마트폰을 만지작거리다 먼 산을 쳐다보고 있었다. 같이 엎드려 기도했다. 그러자 눈물은 더 커졌다. 울음소리에 놀라 새들도 풀벌레들도 소리를 멈추었다.

한참을 울던 어머니는 손자에게 물었다. '저분이 누구냐고?' 손자가 답해주었다. 그러자 다시 울었다. 울음은 구슬펐고 길었다.

나는 안다. 눈물에는 눈물만이 답인 것을. 눈물은 신(神)의 영역이다. 자식을 십자가에 죽게 하셨을 때 하나님의 마음이 어떠셨을까? 견디다 못한 하늘은 울고 땅도 울었다. 그렇다. 자연(自然)도 울 줄 안다.

나는 묘지지기가 되어 비로소 우는 법을 배우는 중이다.

수목장의 세 십자가

수목장을 오른다. 정면에 놓인 인면석(人面石)이 나를 기다리고 있다. 쳐다보는 순간, 탄성을 지른다. 어느 각도에서 보느냐에 따라 엷은 미소를, 슬픈 표정을 읽는다. 내 마음의 각도와 정확하게 일치한다. 나를 향한 그분의 사랑이다.

"하나님의 최상의 이름은 긍휼이다." 13세기 신비적 영성가, 마이스터 에크하르트의 말이다.

옆에는 갈보리 언덕의 세 십자가를 생각나게 하는 듯, 세 그루의 단풍나무가 서 있다. 단풍이 핏빛으로 물드는 날 "다 이루었다"라는 그분의 음성을 듣는다.

나는 한 편의 강도가 되고.

마지막 품격

"우리는 얼마나 자주 누군가 죽는 것을 봅니까? 죽은 이들의 시신을 얼마나 자주 보나요? 또 무덤 속에 내려진 관 위에 흙을 덮는 때는 얼마나 됩니까? 그리고 우리 배우자나 부모님, 형제나 누이, 아주머니나 아저씨, 친구들이 묻힌 묘지를 찾아

○

가까이 다가서 보면 떨어진 단풍들이 마치 핏방울처럼 보인다.

○

〈소풍가는 날〉. 수목장의 이름이다. 내가 지어놓고 나서도 무척이나 흡족해하는 예쁜 이름이다.

가 보는 일은요? 우리는 곁을 떠난 이들과 계속 접촉하고 있습니까? 아니면 우리보다 앞서 살았던 이들을 한 번도 존재한 적 없는 듯 여기며 살아가고 있지는 않습니까?"

헨리 나우웬이 《죽음, 가장 큰 선물》에서 던진 질문들이다.

일주일 전, 사랑하는 아내와 어머니 그리고 할머니를 떠난 보낸 가족들이 다시 찾아왔다. 곳곳에 떨어진 도토리를 주워 할머니에게 바치는 손주와 손녀들… 아이들이 예쁜 목소리로 속삭인다.

"할머니, 사랑해요." "할머니, 안녕."

"우리 할머니께 인사드리자. 할아버지가 제일 먼저 인사할게. 그런 다음에 돌아가면서 인사드리는 거야."

아내와 엄마, 할머니를 먼저 떠나보낸 가족들이 찾아와 나눈 이야기를 엿들었다.

남편: 여보, 주변 단풍이 참 곱게 물들었네요. 아마 다음 주쯤은 불타는 듯 더 아름다울 거 같애. 당신 덕분에 이렇게 일찍 아름다운 강산에 단풍 구경을 하게 되니 참 고맙구려.
지원이 수환이 가족은 당신 여기 모신 그다음 날 미국으로 출발하고, 오늘 재용이 재민이 가정 또 예인이 수인이

가정, 우리 모두 여기 왔어.

그동안 주님 품안에서 평안 누리며 세상에서 겪었던 고통, 아픔, 또 많은 걱정, 염려 다 내려놓고 잘 쉬고 있으리라 믿소. 우리 또다시 만날 소망이 있기에, 여기서 열심히 살아가고 있다오. 우리가 당신에게 보답하는 길은 모두가 건강하게 열심히 사는 거라고 생각하오. 당신도 하나님 나라에서 가족들을 위해 기도해주길 바라오. 다음에 만날 때까지 안식을 누리며 잘 쉬길 바랄게요. 우리 돌아가면서 인사할 테니깐 잘 들어줘요.

딸 1 : 어머니와 같이 이렇게 예쁜 단풍 봤으면 좋았을 건데, 아쉽지만 어머니 덕분에 저희 이렇게 같이 모여서 예쁜 경치 보게 해주셔서 감사해요. 예인이랑 수인이랑 예나랑 천국은 어떨까 많이 상상해봤는데, 나중에 거기서 만나면 너무 행복할 거 같아요. 엄마 감사해요.

딸 2 : 엄마! 우리 벌써 1주일이나 지났네요. 그 사이에 재용이도 재민이도 집에 가면 아직도 할머니가 있을 거 같다고 하고, 먹을 때마다 할머니 생각하고 그랬어. 재용이가 할머니한테 보내달라고 편지도 쓰고 천사한테 전달해달라고도 했는데 엄마가 다 보고 있을 거라 믿어. 우리 재용이가 바이올린 하기 싫지만 할머니랑 약속했다고 끝까지 하겠다고 그러네요. 자기 멋진 모습 보여드려야 된다고….
엄마가 잘 지켜봐주고, 우리도 열심히 잘 살게. 엄마, 우리 마음속에 항상 같이 있어주세요.

사위: 장모님, 새집은 괜찮은가 모르겠네요. 무소식이 희소식이라는데 들리는 게 없어서 잘 지낸다고 생각하고 있을게요.

아들: 엄마 모신 지 이제 일주일 하고 하루 됐네요. 이렇게 다 같이 와서 너무 좋습니다. 두 번째 온 건데 벌써 집 같고 마음도 너무 편하고, 하나님의 은혜네요. 하루하루가. … 엄마, 저희는 잘 살아가고 있으니 걱정 마세요. 항상 기도해주시고 하늘에서 편히 쉬세요. 저희는 아버지 더 잘 모실게요. 또 찾아뵙겠습니다. 엄마 사랑해.

아름다웠다.

가족 모두가 빠짐없이 사랑을 고백했다. 할머니도 아이들에게 무언가 많은 말씀을 하셨을 게다. 그 속에 놀라운 신앙고백이 있었다. 이래서 장례나 추모는 그 집안의 '마지막 품격'이라고 하는 것일 게다.

수목장에서 뛰어노는 아이들을 보는 것만으로도 나는 행복하다.

○
손윤기(직지 홍보대사)의 손주 손녀들이다. 내게는 수목장 풍경이 천국의 그림자 같아 보인다.

특별했던 안치식

“찬양은 235장, 246장이면 좋겠습니다. 조금만 빠르게 불러주시면 우울하거나 슬프지 않겠습니다.”

심재현 장로•가 아내 고 손미자 권사의 안치식을 위해 하신 부탁이었다.

당일 아침, 심 장로님은 이렇게 당부했다.

• 청란교회에 세워진 〈춤추는 십자가〉를 제작한 조각가다. 2021년 12월 25일에는 아내와 자신이 묻힐 곳에 추모탑을 세웠다.

"참석자들은 모두 7명 이내입니다. 번잡하지 않았으면 해서요. 모두 검은 정장 말고 밝게 차려입고 오라고 했습니다. 목사님도 그렇게 해주시면 감사하겠습니다."

이번에는 드레스 코드였다. 나는 평소 음악을 사랑했던 두 분을 떠올리며 첼리스트 앤디Andy를 초청했다.

오후 4시 30분, 예정된 시간보다 조금 이르게 도착했다. 카페에서 커피를 대접했다. '메멘토 모리' 커피였다. 사순절 기간이나 장례와 관련된 자리에 가장 적합한 커피였다. 흙냄새가 느껴지는 커피는 또 한번 "너희는 흙이니 흙으로 돌아갈지니라"(창 3:19)는 말씀을 떠오르게 했다. 커피 한 잔과 함께 간단한 오리엔테이션을 했다.

장로님은 유골함을 품고 안치장소를 향해 걸으며 내게 속삭였다.

"아직도 따뜻하네요. 손 권사도 남편 품에 안겨 가니 좋겠지요?"

그러고 보니 장로님은 카페에 도착해서도 유골함을 놓지 못하고 내내 안고 계셨다. 아내를 향한 사랑이 절절하게 느껴지는 순간이었다. 걷다 말고 장로님 표정을 살폈다. 한없이 평화롭고 자애로웠다.

골짜기를 타고 흐르는 첼로 특유의 저음은 애절했다. 격정적인 리듬으로 타오르다가 고요함으로 침잠하는 경건한 선율은 위로였고 소망이었다. 언젠가 천국에 입성할 때 천군 천사들이 주의 자녀들을 저렇게 환영해주리라는 생각에 왠지 모를 기쁨이 차올랐다.

우리 모두 찬양했다. 십자가를 바라보며 찬양하다 두 팔을 들기도 했다.

보아라 즐거운 우리 집 밝고도 거룩한 천국에
거룩한 백성들 거기서 영원히 영광에 살겠네
거기서 거기서 기쁘고 즐거운 집에서
거기서 거기서 거기서 영원히 영광에 살겠네.

첼로 연주와 함께 알레그레토allegretto(조금 빠르게)로 찬양했다. 장로님 말씀처럼 슬프지 않으려 노력했지만 눈가는 떨렸고 모두의 목소리는 먹먹하게 젖어들었다. 기도와 말씀에 이어 장로님을 따라 모든 사람이 허토에 참여했다. 절대 울지 않겠다고 몇 번이나 다짐했던 장로님은 아내를 추억하며 회고할 때 끝내 울먹였다.

이미 세상을 떠나셨던 몇 달 전에 이은 두 번째 슬픔이었다. 나는 안다. "슬픔은 한 번 더 사랑하라는 두 번째 기회"라는 것

○
첼로 특유의 저음은 애절했다. 경건한 선율은 위로였고 소망이었다. 언젠가 천국에 입성할 때 천군 천사들이 주의 자녀들을 저렇게 환영해줄 것이란 생각에 기쁨이 차올랐다.

을. 권사님 유언을 따라 세브란스에 시신 기증을 했고 그날은 다시 유골로 돌아오신 날이었다.

추모의 종을 치기에 앞서 장로님이 추모 시를 낭송했다.

너무 사치스러워 가슴에만 접어둔 채
못다 했던 말, 이제 종소리에 담아 토해냅니다.
"사랑합니다", "고맙습니다", "행복했습니다."

우리는 다시 청란교회로 들어섰다. 두 번째 곡으로 지정했던

246장을 못 불렀던 것이다.

> 나 가나안 땅 귀한 성에 들어가려고 내 무거운 짐 벗어 버렸네
> 죄 중에 다시 방황할 일 전혀 없으니 저 생명 시냇가에 살겠네
> 길이 살겠네 길이 살겠네 저 생명 시냇가에 살겠네
> 길이 살겠네 길이 살겠네 저 생명 시냇가에 살겠네.

청란교회에서 울려 퍼지는 아름다운 선율은 형용하기 어려운 감동을 안겼다. 이번에는 장로님이 요청했다. 한 곡을 더 부르자고. 시편 23편이었다. 장로님 독창이었다.

현존하는 악기 중 인간의 목소리와 가장 가깝다는 첼로. 그 첼로에 붙은 별명이 '남편의 소리' 아니던가? 그러고 보니 끊어질 듯 이어지고 이어지다 끊어지는 목소리가 첼로 음율이었고 그 음율이 장로님의 목소리였다. 높이 달린 창문 저 너머 권사님이 환한 얼굴로 웃고 계시는 듯… 아름답고 장엄했다.

서두를 일도 없었다. 충분할 때까지 하면 됐다. 그게 추모의 격(格)이었다. 카프카는 말했다. "초조해하는 것은 모조리 죄"라고. 그 누구에게가 아닌 바로 자신에게 짓는 죄다. 추모의 자리가 그렇다. 번개처럼 스쳐 지나가는 말이 있었다. "하라카 하라카 하이나 바라카." 서두름에는 축복이 깃들지 않는다는 아

프리카 말이다.

더 오래 있고 싶었다. 모두에게 축복의 시간이었다.

고인을 기억하는 가장 고상한 방식

겨울에 꽃이 핀다는 것은 반가운 손님이 온다는 뜻이다. 그랬다. 5월의 꽃이라 불리는 영산홍이 피었던 12월 첫날, 장례혁명의 첫발을 내딛었던 이요일·요한 형제 가족이 군단으로 찾아왔다.

〈어머니, 시집가시던 날〉 주제로 펼쳐진 2박 3일의 장례는 말 그대로 '함박웃음'이었다. 1년 후, 유족들 손에는 어머니·할머니를 상징하는 추모화 포인세티아Poinsettia가 들려 있었다. 서로 떠들썩하게 인사 나누고 어깨를 토닥이는 모습들이 마치 축제를 위해 모여든 것만 같았다.

우리는 모여 1년을 회고했다. 그동안 있었던 장례의 '유쾌한 반란' 스토리를 나누었다. 이어 둘째 아들 이요한 장로 부부가 추모의 곡을 불렀다.

내가 누려왔던 모든 것들이

내가 지나왔던 모든 시간이
내가 걸어왔던 모든 순간이
당연한 것 아니라 은혜였소.

1절을 다 부르기도 전 목소리는 떨렸고 흘러내리는 은혜를 주체하지 못해 손수건을 꺼내 들기도 했다. 가슴이 울컥해지는 시간이었다.

모든 것이 은혜 은혜 은혜
한없는 은혜
내 삶에 당연한 건 하나도 없었던 것을
모든 것이 은혜 은혜였소.

이어 짧은 메시지로 천국 소망을 나누었다. 집안의 대장 이요일 장로는 스크린에 비친 어머니를 향해 인사했다.

"오마니, 우리 잘 살고 있어요."

아침에 불던 찬바람도 멈추고 따뜻한 햇살이 온 가족을 비추고 있었다. 어머니의 온기였다. 가족들은 꽃과 액자를 들고 수목장지를 향해 두 번째 행군을 했다. 헌화 순서가 끝나자 약속이나 한 듯 캐롤송을 부르기 시작했다.

○
"오마니, 우리 잘 살고 있어요." 집안의 대장 이요일 장로는 스크린에 비친 어머니를 향해 인사했다.

참 반가운 성도여!
다 이리 와서 베들레헴 성 안에 가 봅시다.
저 구유에 누이신 아기를 보고
엎드려 절하세 엎드려 절하세 엎드려 절하세 구주 나셨네.

나는 순간 착각에 빠졌다. 명화 〈사운드 오브 뮤직〉이 떠올라서였다. 계곡에 울려 퍼진 화음이 그랬고 기쁨과 감사로 충만한 표정들이 그렇게 보였다. 퇴역군인 트랩 대령(크리스토퍼

플러머 분)처럼 요일 장로도 퇴역군인인 것이 그랬다. 내가 장례 내내 지켜보았던 집안 며느리들이 줄줄이 마리아(줄리 앤드류스 분)의 예쁜 얼굴과 함께 쾌활한 성격들을 닮아서였다. 개구쟁이 손자들이 뛰노는 모습이 7명의 배우들과 오버랩되었다.

조국 오스트리아를 향한 트랩가의 절절한 마음이 에델바이스에 담겼다면 이들에게는 아버지·어머니가 가 계신 천국을 향한 마음이 캐롤에 새겨 있었다.

지구촌에 가장 먼저 울려 퍼진 2021년의 성탄 캐롤!

우리의 추모는 하늘 높았고 땅끝처럼 길었다.

봄을 기다리며

정영숙

그리운 그대, 어느 정거장에 왔습니까?

나, 겹겹이 걸친 옷 벗어 던지고
맨발이라도 뛰어가렵니다
당신 살아 있음이 그토록 귀중하고 감사한 줄
무심코 보내드리고 난 후
후회하고 그대 이름만 허공에 대고 불렀습니다.

그리운 그대, 어느 정거장에 쉬고 있소?
이제, 그만 쉬고 떠나오세요
나 그대 맞을 손 깨끗이 씻고 빈 마음으로 무거운 옷 던지고
영접하러 가겠습니다.

당신 살아오심이 그토록 귀중하고 고마운 줄
그대 이름 메아리치며 부르고 난 후 알았습니다.

배웅

정명성

세월은 구름처럼 흩어지고
아직 나는 구름에 몸을 싣지 못해
예서, 물드는 하늘을 바라만 보아요.

길은 천애* 낭떠러지로 끊어지는데
나는 단애**를 지날 수 없어
이 언덕에서 손을 흔들고만 있어요.

어느덧 슬픔은 강인데
나는 강을 건널 수 없어
이편에서 당신을 목놓아 불러요.

나의 배웅은 여기까지지만
세월이 또 흩어져 가고
어느 노을 지는 저녁 무렵에
난, 날 마중하러 오는 당신을 만나겠지요.

* 천애(天涯): 하늘 끝, 아득히 멀리 떨어진 낯선 곳
** 단애(斷崖): 깎아지를 듯한 절벽

제5장

생애 끝자락에서 버킷리스트

〈앰뷸런스 소원재단〉을 만들어 다른 사람을 돌보러 다니면서 정작 내 부모님은 제대로 돌보지 못했다는 자책감이 들었다. 가족들이 봉사대원으로 나섰다. 그래야 내가 '수행모순'(修行矛盾)에 빠지지 않을 것 같았다. 아내와 조카가 손발이 되어주었다. 효의 궁이라 불리는 창경궁을 찾았다. 두 분 얼굴에 드디어 미소가 피어올랐다. 드디어 나도 아내도 모처럼 크게 웃을 수 있었다.

모든 인생은 '피보호자'로 태어난다. 아이를 낳은 엄마는 아이에게 젖을 물린다. 옷을 갈아입힌다. 걸음마를 시킨다. 온갖 질병으로부터 보호한다. 아기 혼자서 할 수 있는 것은 아무것도 없다. '보호와 돌봄'을 필요로 한다. 누군가의 보호와 돌봄 없이 자란 인생은 단 한 사람도 없다. 소나 말은 태어나자마자 걷는다. 아기띠나 포대기가 필요 없다. 유모차도 필요 없다. 어미로부터 기초 생존법을 익힌다. 이내 야생으로 돌아간다. 사람은 아니다. 20년이 다 되도록 돌봐주어야 한다.

하나님은 이 세상을 다 돌볼 수 없어 이 땅에 어머니를 두기로 작정하셨다고 하지 않는가? 어머니가 보호와 돌봄의 대명사인 이유다. 이번에는 내 어머니가 아장아장 걷는다. 장애가 찾아왔다. 못 걷는다. 내가 어머니를 부축한다. 어린 시절, 나를 돌보아주셨던 보호자를 거꾸로 내가 돌본다. 비로소 나는 성인이 된다.

이를 '돌봄의 순환'이라 한다. 하나님이 만들어놓으신 가장 아름다운 규칙이다.

다른 지역에 가서 그곳의 문화나 문물을 구경하는 행위를 관광(觀光)이라고 한다. 관광이란 글자 그대로 빛(光)을 본다(觀)는 거다. 빛을 볼 수 없는 이들을 우리는 '관광 약자'라 한다. 누군가의 돌봄 없이 한 발자국도 뗄 수 없는 이를 '교통 약자'라고도 한다. 교통(交通)의 한자어는 '사귈' 교(交), '통할' 통(通). 교통수단도 문제이지만, 이웃이 없어 사귐이 끊어진 이들이 '교통 약자'다. 우리 주변에는 '경제 약자'도 있고 '마음 약자'도 있다. 적어도 이런 교통 약자와 관광 약자들에게 작은 돌봄이 되고자 해서 시작된 것이 〈앰뷸런스 소원재단〉이다.

로스형이 말했다(바울의 고대 헬라어 '파울로스'의 '로스'를 따서 나는 로스형이라 부른다).

우리 가운데 믿음이 강건한 사람들은, 약해서 비틀거리는 사람들을 보면 다가가 손 내밀어 도와야 합니다. 그저 자기 편한 대로만 살아서는 안 됩니다. 힘은 섬기라고 있는 것이지, 지위를 즐기라고 있는 것이 아닙니다. 우리는 늘 '어떻게 하면 도움을 줄 수 있을까?'를 물으며, 주변 사람들의 유익을 도모할 필요가 있습니다.

예수께서 하신 일이 바로 이것입니다. 그분은 사람들의 어려움을 외면한 채 자기 편한 길을 가지 않으셨습니다. 그분은 그들의 어려움 속으로 직접 뛰어드셔서 그들을 건져주셨습니다. 성경은 이를 '내가 어려움에 처한 사람들의 어려움을 짊어졌다'라는 말로 표현하고 있습니다"(롬 15:1-3, TMB).

런스 엔젤

어느 폭풍우 치는 날, 배 한 척이 바다에서 조난을 당해 SOS를 쳤다. 연락을 받은 구조선 선장이 배를 띄웠다. 젊은 선원 한 사람이 선장에게 말한다.

"선장님, 바람이 너무 세고 파도가 너무 높아 배를 띄우기에는 무리라고 생각하지 않습니까?"

선장이 말한다.

"아닐세. 우리에게는 구조하러 가라는 명령이 떨어졌어. 그리고 지금 바다에는 조난당한 배가 있네. 우리는 가야만 해."

선원이 그 말에 다시 항의하고 나섰다.

"그렇지만 선장님! 우리는 돌아오지 못할 수도 있습니다."

그러자 선장이 단호하게 말한다.

"이 사람아, 우리는 돌아오라는 명령을 받은 게 아니라 가라

○
첫 출동에 나선 런스 엔젤들. 그날, 왼쪽부터 박영민, 유창선 소방대원, 김안태, 이만수 감독, 나, 강승조. 우리는 노을로 환하게 웃어주시는 하나님을 보았다.

는 명령을 받았네!"

우리는 이 마음으로 바퀴가 갈 수 있는 곳은 빠지지 않고 달려간다.

"사람들 눈을 보고 무엇을 원하는지 알아내라."

"뭘 필요로 하는지 잘 봐."

"주인의 눈을 웃게 하라."

영화 《버틀러: 대통령의 집사》에 나오는 대사다. 백악관 버틀러butler(집사)로서 8명의 대통령을 모신 세실 게인스의 실화를 다룬 영화다.

우리는 봉사대원을 '런스 엔젤'이란 애칭으로 부른다. 엠뷸런스의 '런스'와 '천사'의 합성어다. 런스 엔젤의 봉사는 예배와 같다. 예배의 독일어 고테스딘스트Gottesdienst는 '하나님의 서비스'라는 뜻이다.

런스 엔젤은 오늘도 톨스토이가 말한 '인생'을 산다.

> 끊임없이 서로 봉사하는 모습,
> 이 상호 봉사 없이는 세계의 존재도 무의미하다.
> 모든 사람이 자신을 사랑하는 것 이상으로
> 다른 사람을 사랑할 때 비로소 당신의 행복이 실현된다.
> 자기 행복을 위해서가 아닌
> 다른 사람의 행복을 위한 생활만이 진정한 인생이라
> 할 수 있다.
> _ 톨스토이, 《인생론》에서

인생은 아름다워

이탈리아 영화, 〈인생은 아름다워Life Is Beautiful〉에서 귀도 오레피체(로베르토 베니니 분)는 묻는다.

"샴페인 따를 때처럼 45도, 50도, 55도, 90도 직각? 80도? 어디까지 내려야 하죠?"

수석 웨이터였던 그의 삼촌이 서비스의 철학, 서비스의 품격을 말한다.

해바라기가 해를 향해 고개를 숙이듯 해.

더 깊이 숙이면 죽은 사람이란 뜻이야.

우리는 봉사를 하는 거지 시중을 드는 게 아니야.

봉사는 예술이지.

하나님이 최초의 봉사자였어.

하나님은 봉사를 하실 뿐 시중을 들어주시지는 않아.

런스 엔젤들에게도 봉사의 수칙이 있다.

미소와 친절로 무장해야 한다. 미소는 가장 아름다운 메이크업이다. 마크 트웨인에 따르면, 친절은 청각 장애인이 들을 수 있고 시각장애인이 볼 수 있는 언어다. 런스 엔젤은 지상에서 경험할 수 있는 최상의 봉사와 천상의 봉사를 수행하는 예술가라는 자부심으로 무장한다.

마치 도예공이 흙 반죽 다루듯 해야 한다. '솜에도 발을 다친다'라는 말이 있다. 환우들이 그렇다. "끝날 때까지 끝난 것이 아니다"라는 사실을 명심한다. 런스 엔젤들은 환자가 안전한 귀가를 끝냈을 때 서로를 보고 씩 웃는다. 생명의 신비, 일상의 기적, 하나님의 마음을 맛보고 알아서다.

런스 엔젤들은 환우와 가족들을 주연으로 내세워 하나님이 연출해내시는 "인생은 아름다워"에 참여하는 단역들이다.

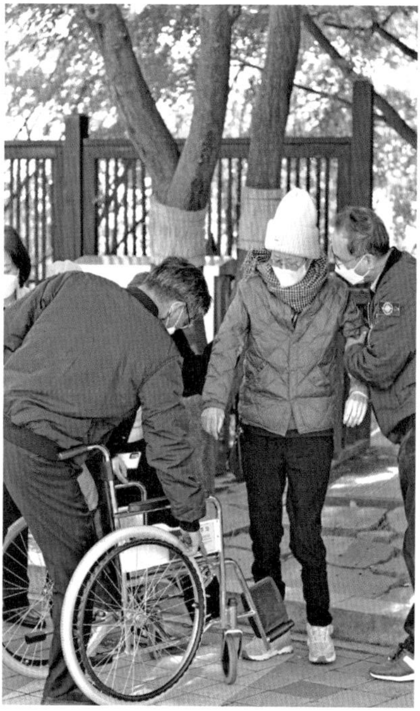

○
차량운전, 환자수행, 사전답사, 장소예약, 교통정리, 심경보호 등 런스 엔젤들이 신경 써야 하는 일은 끝이 없다. 세 번째 출동이 있는 날이었다.

임종 앞둔 환자들 소원은 나들이•

김한수

"말기 환자들의 마지막 나들이 소원을 무료로 도와드리는 '발'이 되겠습니다."

개신교 가정 사역 전문 기관 하이패밀리 대표 송길원 목사가 〈앰뷸런스 소원재단〉(이하 소원재단)을 발족한다. 11월 9일 공식 발족하는 소원재단이 할 일은 간단하다. 바닷가, 갈대밭, 미술관, 좋아하는 가수의 공연장 등 말기 환자가 마지막으로 가보고 싶은 곳이 있지만 가족 등 주위 사람들이 모시고 갈 상황이 아닌 경우에 소원재단이 대신 앰뷸런스에 태워 나들이를 돕는 것이다. 소원재단은 최근 승합차 내부에 침대형 의자를 배치하고 휠체어를 실을 수 있는 앰뷸런스도 1대 마련했다.

송 목사는 개신교계에선 드물게 '가정 사역' 분야를 개척해 온 목회자이다. 최근에는 행복하고 의미 있는 죽음과 장례 문

• 2021년 11월 6일, 김한수 기자와의 인터뷰 원문을 정리해 실었다. 〈임종 앞둔 환자들 소원은 나들이… 저희가 '발'이 되어드리겠습니다〉.

화 보급에 앞장서고 있다. 2020년 12월엔 경기 양평 하이패밀리 건물을 임시 장례식장으로 꾸며 새로운 방식의 장례 문화를 선보여 화제가 되기도 했다. 고인(故人)과 자손들의 행복했던 시절을 촬영한 사진을 전시하고, '메모리얼 테이블' 위엔 국화 대신 고인이 쓰던 효자손을 올려놓는 등으로 시작했다. 양부모에게 학대받다 숨진 정인이의 수목장도 하이패밀리에 있다. 소원재단을 구상하게 된 것도 말기 환자들의 임종을 보면서 느낀 점 때문이다.

"말기 환자들의 소원은 거창한 것이 아니더군요. 그저 좋은 추억이 깃든 장소나 평소에 가보지 못한 곳을 나들이하고 싶다는 내용이 대부분이었습니다. 그러나 주변 사정이 여의치 않은 경우가 많아 안타까웠습니다."

해외 사례를 연구하다가 네덜란드에서 앰뷸런스 소원재단에 적합한 모델을 발견했다. 현재 네덜란드를 비롯한 유럽 13개국과 일본 등에선 앰뷸런스 소원재단이 활동하고 있다고 한다. 하이패밀리 이사인 재미 사업가 장범 씨의 도움으로 네덜란드 재단과 MOU를 맺고 운영 노하우도 전수받았다. 환자를 태우고 소원 장소까지 다녀오는 일은 전현직 소방관들이 자원봉사로 나설 예정이고, 서울대병원을 비롯한 의료 기관과도 협력할 계획이다.

○
〈앰뷸런스 소원재단〉 송길원 목사와 재단 출범을 도운 장범 씨. 승합차 내부를 환자가 누워서 이동할 수 있도록 고쳤다.

지난주엔 송 목사 스스로 환자가 되어 침대 의자에 누워 경기도 양평에서 서울 예술의전당까지 다녀오기도 했다. 송 목사는 "예술의전당 입구에 주차했더니 '이게 무슨 차인가'하고 궁금해하는 분이 많았다"라며 "이런 활동이 국내에선 처음이어서 법률적 문제 등 해결하고 보완해야 할 점도 많다"라고 했다.

송 목사는 "말기 환자들이 생애 이력서의 마지막 한 줄을 행복한 기억으로 기록했으면 좋겠다"라며 "우선 앰뷸런스 1대로 경기 양평에서 시작하지만 전국적으로 확산해 많은 분의 마지막 나들이를 도와드리고 싶다"라고 말했다.

캥거루 앰뷸런스와 함께 찾아온 엄마 이영애의 마음

세계 최초의 구급차는 1797년에 등장했다. 나폴레옹 군대의 부상자 후송을 위한 것이었다. 그리고 세월이 흘러 1965년, 이번에는 호흡기를 장착한 의료용 휠체어가 개발된다. 전신마비 환자의 병원 밖 이동을 돕기 위한 것이었다. 영화 〈달링〉에서 아내(다이애너)는 생을 포기한 남편(로빈)에게 "아이의 아빠로 살아달라"고 간곡하게 부탁한다. 꼭 살아야겠다고 다짐한 남편은 어느 날 아들의 유모차에서 아이디어를 떠올린다. 각고의 노력 끝에 탄생한 휠체어는 장애가 있는 수많은 환자에게 희망의 아이콘이 되었다.

이제, 휠체어를 장착한 어린이 전용 '소원 앰뷸런스'가 세계에서 첫선을 보인다. 세상에! 성인용 앰뷸런스는 넘쳐났으나 어린이만을 위한 앰뷸런스는 없었던 것이다. 유모차에 신세 진 지 57년 만에 앰뷸런스로 갚아주는 셈이라고나 할까? 아이들이 가장 좋아하는 돌봄과 양육의 상징, 캥거루를 캐릭터로 했다. 아이들을 위한 레고 장난감과 애착인형, 아동도서와 영상

장치도 비치했다.

2022년은 소파 방정환이 어린이 존중을 강조하며 어린이날을 제정한 지 100주년 되는 해다. 소아암 환자수는 국내 1만 6천여 명으로 추정되며, 매년 1,200명이 추가 발병한다. 여기에 진단조차 못 받은 '상세불명 희소질환' 100여 명을 포함해 희소질환 환아도 매년 500여 명이 넘는다.

이들을 돕고 싶었다. 소식을 전해 들은 배우 이영애 씨가 기꺼이 동참했다. 어린이 앰뷸런스 기증식을 하는 날이었다. 차량 열쇠를 넘겨주고 우창록(〈하이패밀리〉 이사장) 변호사와 함께 차담회를 가졌다. 휴심정 데크에 앉아 차를 마시는 내내 이영애 씨의 눈은 정인이가 잠든 안데르센 공원묘원을 향해 있었다. 그때도 그랬다. 사건이 있자 승빈이, 승권이를 데리고 한걸음에 달려와 하염없는 눈물을 흘렸었다.

"앞선 세대가 땀 흘려 잘살도록 만들어주었는데, 우리도 당연히 자기가 속한 세상과 공동체에 보답해야 하지 않나요?"

왜 세인이 그를 오드리 헵번으로 떠올리는지를 알 수 있었다.

우리는 2시간 가까이 많은 이야기를 나누었다. 자녀들을 걱정할 때는 영락없는 '엄마'였다. 그도 알고 있었을 것이다. 신(神)은 자신이 만든 세상을 다 돌볼 수 없어 이 땅에 어머니를

© 이영렬

○

휠체어를 장착한 어린이 전용 '소원 앰뷸런스'가 세계에서 첫선을 보인다. 돌봄과 양육의 상징이자, 아이들이 가장 좋아하는 캥거루를 캐릭터로 했다. 어린이 앰뷸런스 기증식에, 국민배우 이영애 씨가 기증자로 기꺼이 동참하여 마음을 보탰다.

두셨음을. 하나님이 맡긴 그 귀한 역할을 엄마들이 소홀히 한 데서 세상이 아파진 게 아닐까.

저녁 시간, 전화로 이영애 씨의 생각을 전해 들을 수 있었다.

"아이들이 사랑받고 존중받는 세상이 아름다운 세상이지요. 그들도 한 인격체로 대접받아야 하는데 우리는 너무 무심했어요. 그러니 아동학대가 일어난 거고요. 이름 없는 들풀이 없듯이 아이들은 존재 자체로 가치가 있어요."

최근 이영애 씨는 EBS의 아동인권 6부작 〈어린人권〉에 내레이터로 나섰다. 아이들의 인권 문제와 함께 문제 해결의 새로운 패러다임을 고민하는 목소리에 담았다. 그의 행보는 우리 사회에 '어린이 인권대사'로서 큰 울림을 안겼다.

어린이들을 위한 양육환경과 생태계 조성은 아무리 강조해도 지나치지 않다. 다시 세월을 거슬러 올라 세월호 사건 때의 마음가짐으로 돌아가야 옳다.

"명문대 고집하던 나를 반성했다." "판검사 엄마 되는 것보다 기본이 된 아이를 키우는 게 더 중요하다." "가족이 함께하는 순간순간이 바로 행복이다." …

우리는 아직도 맹모삼천지교(孟母三遷之敎)의 전통적 해석에 머물러 있다. 맹자 엄마가 자녀 교육을 위해 '학군'을 바꾸어가며 정성을 다한 결과라고 굳게 믿는다. 하지만 천만의 말씀! 맹자 어머니의 생각은 근본부터 달랐다. 사람이 죽음을 모르면 뭘 배워도 의미가 없다. 그래서 공동묘지 근처(장의사 집)로 이사해 죽음에 대해 가르쳤다. 선행학습이었다. 이어 인간의 생존 현장과 거기서 벌어지는 치열한 경쟁력을 익혀야 했다. 그런 다음에야 서당을 찾았다. 드디어, 학문할 준비가 된 것이다. 맹자의 어머니야말로 교육공학자였다. 교육철학자이자 사상가였다. 오늘날의 싸나톨로지Thanatology(生死學)의 원조였다.

나는 비로소 이영애 씨가 승빈이 승권이를 왜 양평에서 키우려고 했는지 그리고 두 아이를 데리고 정인이 수목장을 찾았는지 그 이유를 알 듯했다. 이영애 씨가 남긴 향기는 깊고 진했다.

생애 가장 눈부신 하루

여행이라고 다 같은 여행이 아니다. 관광을 의미하는 '트립'trip이 있고 걸어서 둘러보는 '투어'tour도 있다. '저니'journey는 멀리 가는 여행을 말한다. 풍경도 그렇다. 끝없이 펼쳐지는 사하라 사막, 기(奇)와 괴(怪)의 협곡으로 이어지는 그랜드 캐니언, 일만 이천 개의 봉우리로 이루어진 금강산의 '자연풍경'이 있다. 불가사의로 손꼽히는 고대 이집트의 피라미드, 로마의 콜로세움, 중국의 만리장성은 '인공풍경'이다. 감탄을 자아내는 자연풍경과 인공풍경은 눈앞에 있을 때 기억된다. 그러고는 이내 잊히기 쉽다. 그런데 정작 지워지지 않는 풍경이 있다. 사람이 빚어내는 삶의 풍경이다. 철학자 아도르노는 이를 '문화풍경'Kulturlandschaft이라 했다.

앰뷸런스 소원재단은 자신의 나이를 100살이라고 고집스럽게 주장하는 할머니를 모시고 세 번째 소원나들이를 떠났다. 아들은 잠들 때도 어머니 손을 꼭 붙잡고 잠든다고 했다. 밤중에 혈압이 떨어지면서 어머니를 떠나보낼 뻔한 기억이 있기 때문이다. 내가 보기에 둘은 깊은 사랑에 빠진 연인 같았다.

가끔 들린다는 대전의 한 카페를 찾았다. 할머니는 커피를 무척 좋아하셨고 맛을 감별하기도 했다. 아들 요청으로 '짜짜

○
앰뷸런스 소원재단은 자신의 나이를 100살이라고 고집스럽게 주장하는 할머니를 모시고 세 번째 소원나들이를 떠났다.

짜 우스스 하하하' 구호로 모두의 웃음을 유도하셨다. 일생을 그렇게 재미나게 사셨단다. 그 미소가 천사의 미소였다. 아들의 코를 삽아 비틀기도 하고 '까불지 마' 하고 경고를 주시기도 했다. 아들이 하는 말에 '네' 하고 존댓말 할 때는 아들을 남편으로 여기는 것 아닌가 착각할 정도였다.

나는 둘의 모습을 보며 감탄사를 쏟아냈다. 이럴 때를 위해 주어진 언어가 '누멘'이다. 배철현 교수에 따르면 '장엄'은 신(神)의 특징이며 신적인 삶을 갈망하는 인간에게도 그러한 태도가 깃들어 있다. 그는 장엄의 라틴어, '누멘'*numen*을 이렇게 풀이한다.

누멘은 지상에서 순간의 삶을 사는 인간이 신적인 삶을 추구하기 위해 습득해야 하는 개성이다. '누멘'의 원래 의미는 '고개를 끄덕이다, 인정하다'라는 뜻의 '누오'nuo와 명사형 어미 '멘'men의 합성어다. (…) 로마 정치가 키케로는 '누멘'을 '신적인 마음'으로 해석했다. 이 신적인 마음은 자기 말과 행동을 통해 '신적인 힘'으로 변해, 만물을 움직이게 하는 원동력이 된다. 자신이 열망하는 더 나은 자신을 수련하는 사람에게 필요한 마음가짐이 바로 '장엄'이다.

또 하나 배웠다. 아름다운 자연풍광과 경이로운 인공풍경은 '감탄'(感歎)을 자아낸다. 하지만 장엄하기만 한 문화풍경은 '감동'(感動)을 요구했다. 가슴의 언어를 행동의 언어로 바꾸라는 부름이었다.

서울로 돌아오는 내내 나는 두 주먹을 쥐었다.

부모님과의 고궁 나들이

어느 날, 아버지에게 처음으로 암(癌)이라는 불청객이 찾아왔다. 십수 년 전이다. 3년 전에는 전립선암이 찾아왔다. 또다

○
아내와 조카가 손발이 되어 부모님을 창경궁으로 모셨다. 비로소 두 분 얼굴에 미소가 피어올랐다. 모처럼 우리 부부도 크게 웃었다.

시 1년 뒤 폐암이 찾아왔다. 몹쓸 놈의 삼각파도에 휩쓸려 허우적거린다. 거기다 기억장애(치매)도 왔다. 귀는 안 들린다. 가까이서 크게 소리쳐야 한다. 어머니는 척추혈관종을 앓고 있다. 24평 아파트는 창문 열린 교도소다. 그런 상태에서 우울증이 겨울 안개처럼 덮쳐온다. 자주 신경질을 내고 화를 폭발한다. 그러고는 우신다.

〈앰뷸런스 소원재단〉을 만들어 다른 사람을 돌보러 다니면서 정작 내 부모님은 제대로 돌보지 못했다는 자책감이 들었다. 가족들이 봉사대원으로 나섰다. 그래야 내가 '수행모순'(修行矛盾)performative contradiction에 빠지지 않을 것 같았다. 아내와 조카가 손발이 되어주었다. 효의 궁이라 불리는 창경궁을 찾았다. 두 분 얼굴에 드디어 미소가 피어올랐다. 드디어 나도 아내도 모처럼 크게 웃을 수 있었다.

명정전(明政殿) 앞에서 아내랑 납작 엎드려 큰 절로 불효의 죄를 고했다. 고궁 산책 후, 가까운 식당을 찾았다. 식사하시다 말고 어머니는 아버지의 밥그릇으로 눈길을 돌린다. 어머니의 본능에 나는 또다시 울컥하고 만다.

인생이 여생이 되기 전에

코로나19로 맞이하게 된 두 번째 성탄절 전야는 쓸쓸했다. 성탄절에 '최강한파'가 예보되어 있어 마음마저 움츠러들었다. 하지만 날씨 때문에 물러설 수 있겠는가? 우리는 위셔Wisher를 모시고 남산을 올랐다. 주인공은 해방둥이로 태어난 김수영 목사님이었다. 성곽을 끼고 돌아 정상에 서자 영하 15℃의 추위가 실감 났다.

그분은 산타복을 입고 섰다. 누군가에게 기쁨의 선물이 되고파서였다. 수염을 달고는 너털웃음을 터뜨렸다. 가족들과 함께 남산을 올랐던 아이들이 산타 할아버지를 향해 몰려들었다.

아! 저 동심(童心)이라니! 목사님은 평생을 그렇게 사셨다.

서울 야경을 한눈에 보고 내려와 도심 한복판을 내질렀다. 가야 할 곳이 있었다. '서울 야경 명소 100'에 꼽힌 새문안교회를 찾았다. 런스 엔젤들은 기민하게 움직였다. 앰뷸런스 차량과 뒤따르는 지원 차량은 수시로 교통정보를 주고받으며 또 하나의 명소 신세계백화점을 찾았다. 참 예뻤다. 크리스마스트리가 교회를 떠나 백화점의 주인공(?)이 된 지는 꽤 오래되었다. SNS에서 크리스마스 명소로 떠오른 탓이어선지 인산인해였다. 주차 사정으로 차창 밖 구경으로 만족해야만 했다.

새문안교회를 찾았다. 친절한 안내원은 '메리 크리스마스!'로 환대했다. 채플에 들어선 목사님은 절절한 음성으로 한국 교회와 대한민국을 위해 기도했다. 근자에 들어 가장 뜻깊은 성탄절이었다. 거리는 영하 15℃의 추위가 런스 엔젤들의 36.5℃ 사랑의 온도로 이미 덮혀 있었다.

나의 일상이 누군가에겐 기적•

김한수

"너무 좋아."

서울 남산의 한 호텔 주차장. 앰뷸런스에서 내려 휠체어로 옮겨 타던 김모(63) 씨의 마스크 너머에선 가느다란 목소리가 새어 나왔습니다. 김씨의 손목엔 환자띠가 채워져 있었고요. 김씨는 담도암으로 경기 안양샘병원 호스피스 병동에 입원한 환자입니다. 김씨는 이날 〈앰뷸런스 소원재단〉의 도움으로 '늦가을 나들이'를 나온 것이었습니다.

김씨는 재단 발족 후 '2호 환자'였습니다. 2020년 5월 발병 이후 큰딸 집과 병원을 오가며 항암치료와 입퇴원을 반복했습니다. 가족 나들이는 생각도 하기 어려웠지요. 소원재단의 도움을 받게 된 것은 병원의 권유 덕분이었습니다. 당초 김씨의 '소원'은 화담숲 단풍 구경이었답니다. 3년 전 김씨 회갑 때 온

• 2021년 11월 6일, 김한수 기자와의 인터뷰 원문을 정리해 실었다. 〈임종 앞둔 환자들 소원은 나들이… 저희가 '발'이 되어드리겠습니다〉.

가족이 화담숲 단풍 구경을 한 기억이 좋았기 때문이었고요. 그런데 생각해보니 평소 자주 만나지 못하는 16개월 된 막내 외손자도 보고 싶었다고 합니다. 코로나 팬데믹에 김씨가 병원에 입원한 상태에선 유아를 병실에 데리고 가기 힘들어 몇주 만에 한 번씩 잠깐 만나거나 주로 동영상으로 만났습니다. 마침 둘째 딸이 사는 곳은 남산에서 멀지 않은 금호동. 사연을 들은 재단은 '남산 단풍구경+외손자 만남'을 기획했습니다. 병원도 전폭적으로 지원했답니다. 수간호사가 동행해 김씨의 나들이 내내 수행하며 상태를 체크했습니다. 재단 측은 전날 남산 일대를 사전답사하면서 단풍도 보면서 가족과 이야기를 나눌 공간을 수배했지요.

이날 오전 10시 40분쯤 큰딸과 함께 호텔에 도착해 둘째 딸과 외손자를 만난 김씨는 단풍은 안중에 없는 듯했습니다. 저 멀리서 손자가 보이자마자 휠체어에 앉은 채 두 팔을 벌렸고, 만난 후 30분 이상 손자에게서 시선이 떠나지 않았습니다. 손을 잡아보고, 얼굴을 쓰다듬고, 코를 쥐었다 놓으며 귀여워했지요.

김씨의 나들이는 그리 길지는 못했습니다. 남산일주도로를 돌며 단풍 구경을 한 후 오후 2시 반쯤 병원으로 향했지요. 가족과 함께하는 시간 내내 김씨의 얼굴에선 웃음기가 사라지지 않았습니다. 모자와 마스크를 착용해 눈만 보였지만 얼마나 기뻐하는지를 느끼기엔 충분했습니다. 딸들은 그 표정을 보면서 "기적이 일어나는 거 아닐까. 기적이 일어난다면 저분들 덕분"이라고 말했습니다.

'1호 환자'의 나들이 목적지는 인천 을왕리해수욕장이었습니다. 췌장암 4기로 집에서 요양하는 방모(74) 씨는 냉방기사였답니다. 여름이 가장 바쁜 직업이었지요. 여름철 온가족 여행

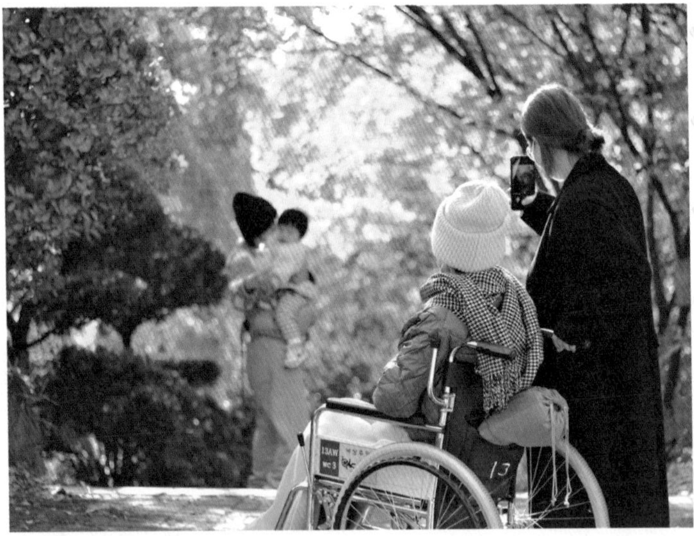

○
2호 환자, 김모 씨가 딸들과 외손자와 함께 남산 단풍 나들이하는 모습

은 엄두도 내기 어려웠답니다. 그의 꿈은 '바닷가 노을 보기'였습니다. 아내와 딸이 함께한 드문 가족 나들이였습니다. 소원재단의 소방관 자원봉사자는 엘리베이터 없는 빌라 3층에서 방씨를 안고 내려와 앰뷸런스로 을왕리해수욕장으로 갔습니다. 카페도 들르고 바닷가 산책도 했습니다. 노을 배경으로 가족사진도 촬영했지요.

방씨가 야구를 좋아한다는 이야기를 듣고 송길원 목사는 평소 친분이 있던 이만수 감독을 깜짝 초대했습니다. 이 감독은 방씨에게 사인볼을 선물했고, 방씨 가족의 나들이가 끝날 때까지 함께했습니다. 방씨의 아내는 "최근 들어 남편이 가장 말을 많이 했다"라고 하며 고마워했습니다.

송길원 목사는 "나들이 때 봉사자들도 울음바다가 되곤 한다"라며 "우리가 평범하게 생각하는 일상이 어떤 이에겐 기적이란 것을 절감"한다고 말했습니다.

제6장

안데르센 묘원 이야기

자식 잃은 부모의 마음을 달래주고 싶었다. 피어나기도 전에 죽은 아이들의 유골이 들과 강에 그냥 뿌려지고 끝난다는 이야기에 가슴이 저려왔다. 기억에서조차 사라진 아이들의 죽음이 서글프게 다가왔다. 내 조카 아이도 그렇게 잊혔다. 죽음 앞에서 아동의 인권이란 그저 봄 안개처럼 흩어지고 만다.

워싱턴 조지타운에는 '오크 힐 묘지'가 있다. 외교 명문가 펠프스가(家)의 가족 묘지다. 그런데 묘역 안에는 높이 30센티미터가 채 안 되는 낯선 묘지가 있다.

〈Ye Washon, 1890.10.12.~12.17.〉. 뒷면엔 한글로 '조선 니화손'이라고 새겨져 있다. 주인공은 주미 대한제국 공사관 4대 공사 이채연(1861~1900)의 아들이다. 미국에서 태어났지만 아기는 두 달 닷새 만에 사망했다. 130년 전 일이다. 사인(死因)은 습진이었다.

미국은 어떤 나라이기에 이방인에게도 자신의 '가족묘'를 허락했을까? 더구나 어린 주검에 대해서도 어찌하여 저런 존엄함을 지켜줄까?

잠시 우리의 장례를 돌아본다. 성인의 장례는 지나치게 화려하다. 요즘은 심지어 반려견 장례까지도 성대하다. 하지만 아동의 장례는 생략하거나 축소된다. 아예 꾸밀 생각도 없다. 왜일까? 뿌리 깊은 유교 사상 때문이다. 자고로 부모보다 먼저 눈을 감는 것은 불효 중의 불효였다. 그것도 대역죄인(大逆罪人)이었다. 선산(先山)도 내주지 않았다. 깊은 산속에 묻거나 화장 후 유골을 뿌렸다.

타인의 시선을 피해 시신을 처리해야만 했다. 어떤 흔적도 남기지 않으려 했다. 슬픔을 극도로 억제하려고 한 것이다. 부모는 두고두고 가슴앓이하며 죽어갔다. 몹쓸 형벌이었다. 하지만 그게 트라우마로 깊숙이 남는다는 것을 몰랐다.

부모를 잃고 나면 고아(孤兒)라 부른다. 아내를 떠나보내고 홀로 남으면 홀아비라 한다. 남편 없이 사는 이들은 과부(寡婦)라 칭한다. 그렇다면 자식을 잃게 된 부모는 뭐라고 부를까? '참척'(慘慽)이라고 할 뿐 정작 이름은 없다. 차마 이름을 붙일 수 없을 만큼 참혹한 슬픔이어서다. 한 노인네가 고백했다.

"(전쟁 통에) 비처럼 쏟아지는 총알이 무서운 줄 알았는데 자식 잃은 부모의 울음소리가 더 무섭더라."

자식 잃은 부모의 마음을 달래주고 싶었다. 피어나기도 전에 죽은 아이들의 유골이 들과 강에 그냥 뿌려지고 끝난다는 이야기에 가슴이 저려왔다. 기억에서조차 사라진 아이들의 죽음이 서글프게 다가왔다. 내 조카 아이도 그렇게 잊혔다. 죽음 앞에서 아동의 인권이란 그저 봄 안개처럼 흩어지고 만다.

안데르센의 동화가 희망으로 찾아왔다. 꽃이 시들자 어린 이다는 몹시 슬퍼한다. 오빠가 말한다. 꽃들이 밤새 무도회에서 춤을 췄기 때문에 기운이 없는 거라고. 그날 밤, 이다는 정말로 꽃들이 춤을 추는 것을 본다. 장난감들도 함께 춤을 추며 즐거워한다. 꽃들은, 내일이면 자신들이 죽는다며 땅에 묻어주면 내년에 다시 만날 수 있다고 말한다. 이다는 꽃들의 부활을 기다리며 땅에 곱게 묻는다.

〈안데르센 공원묘원〉(경기도 양평)은 이런 이야기를 바탕으로 만들어졌다. 하이패밀리와 사단법인 한국백혈병소아암협회, 사단법인 국제사랑의봉사단이 2019년 2월 15일 '세계 소아암의 날'을 맞아 개설한 어린이 전문 화초 장지다. 거기 정인이가 찾아왔다. 내 손주·손녀를 맞기도 전, 나는 운명처럼 정인이 할아버지가 된 것이다. 정인이를 아파하고 슬퍼하는 이들이 많이도 찾아왔다. 내 생애 가장 많은 조문객을 맞았다. 그들은 울고 또 울었다. "울음은 달래지지 않았다. 슬피 울었고 길게 울었다." 김훈이 《칼의 노래》에서 말했던 임금의 울음을 닮았었다. "울음은 뼈가 녹아 흐르듯이 깊었다." 엄마들만이 아니었다. 평소 울 줄 모르던 아빠들이 울고 있었다.

나는 빌고 빌었다. 회초리보다 무서운 것이 엄마의 눈물이라 하지 않던가. 이름 모를 엄마들이 뿌린 눈물로 세상의 악을 거두어 가 달라고. 누군가는 "우는 법과 밤을 지새우는 법과 새벽을 기다리는 법을 배우는 것이 바로 인간이 되는 것"이라고 말했다. 젊은 아빠들의 눈물은 눈이 아니라 가슴으로 흘린 것이니 제발 사람다운 사람들로 가득 찬 세상이 오게 해달라고.

그런데도 어리고 여린 죽음은 멈추지 않았다. 5월이면 부르는 '오늘은 어린이날, 우리들 세상'이 서글펐다. 그렇다면 나머지 364일은 정녕 어른들의 세상인가? 대체 어떻게 하면 저 끔찍한 죽음의 행렬을 멈출 수 있을까?

성경을 들추었다. 그 안에도 수많은 죽음이 펼쳐졌다. 첫 가정부터 끔찍한 살인사건이 터진다. 형 가인이 동생 아벨을 쳐 죽인다. 제 명대로 살다가 편안히 맞이한 고종명(考終命)이 있는가 하면 요절(夭折)도 있다. 순교도 있고 개죽음도 있다. 성경 시대나 현대나 인간사는 다를 바 없다. 영구 미제의 죽음도 있다. 성경판 '살인의 추억'이다.

하나님은 이런 작고 작은 죽음을 결코 외면하지 않으신다. 희생 제물로 암송아지를 잡아야 한다. 골짜기로 가서, 목을 꺾어 죽인다. 목을 꺾이는 암송아지의 비명은 처절하다. 골짜기 멀리까지 퍼져나간다. 오래도록 성읍 사람들의 귀를 아프게 하고 마음을 후벼 판다. 모두 죽음에 숙연해질 수밖에 없다. 이른바 고대의 '죽음 수업'이었다.

그런데 언젠가 이 죽음이 죽었다. 이문재 시인은 말한다.

죽음은 살아 있어야 한다.

죽음이 삶 곁에 살아 있어야 한다.

죽음이 생생하게 살아 있어야

삶이 팽팽해진다.

죽음이 수시로 말을 걸어와야

살아 있음이 온전해진다.

_〈죽음은 살아 있어야 한다〉에서

오늘날 죽음은 3인칭으로만 살아 있다. '그들이' 죽었을 뿐이다. 잠시 2인칭의 죽음이 찾아온다. 가족과 지인이 세상을 떠난다. 3일간 눈물을 찍어 누르고 돈 봉투를 헤아리고 나면 또다시 잊는다. 아니, 애써 지운다.

문익환 목사는 고백한다.

두 동강 난 이 땅에 묻히기 전에

나는 죽는다.

나의 스승은 죽어서 산다고 그러셨지.

아.

그 말만 생각하자.

그 말만 믿자 그리고

동주와 같이 별을 노래하면서

이 밤에도

죽음을 살자.

_〈마지막 시〉에서

1인칭의 죽음이다.

암송아지와 같은 정인이의 죽음이 그 '1인칭의 죽음'을 내게 묻고 있다.

커다란 질문

#

새가 묻는다.

"난 세상에 왜 태어났어?"

"너는 지저귀기 위해 태어났어."

이번에는 죽음이 묻는다.

"죽음, 넌 삶을 사랑하기 위해 태어난 거란다."

볼프 에를브루흐Wolf Erlbruch의 답이다. 그는 국제 안데르센 상을 받은 동화작가다. 똥 그림에서 철학적 주제까지를 담아낸 그림책을 통해 삶의 의미를 탐색하게 한다. 나는 안데르센 공원묘원에 서서 그에게 묻는다.

"겨우 472일을 살다 간 정인이는 왜 태어난 것일까요?"

#

밤새 눈이 살짝 내렸다. 이른 새벽, 오르막길이 걱정되어 빗질을 해본다. 혼자서는 감당이 될 것 같지 않아 빗자루를 내던지고 투정을 부린다.

"눈은 왜 태어나는 거예요?"

#

방송 탓인지 추모객들이 아침부터 몰려든다. 영하의 맹추위도 저들의 발길을 묶어놓지 못했다. 차가운 바닥에 무릎을 꿇고 한참을 일어설 줄 모른다. 어떤 속죄의 기도가 저보다 거룩할까? 취재차 찾아온 취재원들의 손에는 취재수첩 대신 꽃이 들려 있다. 취재하다 말고 그들이 울고 있다.

"주님, 슬픔은 왜 태어난 것일까요?"

○

이른 새벽에 찾아온 가족들의 추모 모임이다. 주저앉아 통곡하는 엄마도 있었다. 언 손으로 정인이에게 편지를 써놓고 가겠단다. 함께 따라온 아이 손에 들려진 인형도 슬픈 표정이다.

#

깊은 어둠이 내려앉았다. 마지막 추모객을 떠나보내고 언덕길을 내려온다. 소등 시간이다. 진혼곡이 더 구슬픈 하루다. 이번에는 정인이에게 묻는다.

"춥지 않니?"

어서 빨리 햇살 가득한 봄이 왔으면 좋겠다. 꽃피는 계절이 다가와 정인이가 잠든 뜨락이 꽃향기로 그윽했으면 좋겠다.

슬픔 가득한 안데르센 동화나라

이전 같으면 눈이 시리도록 아름다운 설경(雪景)에 감탄하며 행복해했을 텐데… 지금은 그렇지 못하다. 눈 때문에 돌아서야 하는 추모객들의 마음은 얼마나 아플 것인가? 눈을 치워야 한다. 집을 나서는 발걸음이 무겁다. 그런데 누군가가 길을 뚫어 놓았다. 밤새 산타가 다녀갔나?

눈앞 설경은 한 폭의 그림이다. 이 아름다운 장면 앞에 눈물이 흐르는 것은 또 무엔가? 오늘은 재판이 열리는 날이다. 정인이의 말 없는 침묵이 더 아프기만 하다.

나는 뒤늦게야 깨닫는다. 저 수많은 눈송이가 정인의 눈물인 것을. 이곳에 와서 흘린 수많은 눈물에 눈물로 답했던 것이라고. 이제야 알겠다. 장난감과 간식… 동화책을 가지고 찾아와 준 언니 · 오빠 그리고 동생들에게 주고픈 안데르센 동화나라인 것을.

정인이의 눈물을 닦는 마음으로 정성스레 눈을 쓸었다. 그러다가 또다시 눈물을 쏟아낸다. 거기 추모목인 수국나무가 정인이 얼굴로 피어나서다. 정인이가 특유의 동그란 미소를 지어 보인다.

"정인아! 어서어서 자라 이번에는 꽃 천사로 피어나렴."

친구 정호봉 시인은 이렇게 추모시를 썼다.

슬프지만 아름답다
이 아픔 누가 알까
차라리 내가 죽어 하늘 요정이 지구별 산다면
기꺼이 그럴 텐데
비단결 머리카락 하나둘 사라지고
어미 가슴에 화석 돼버린 안개 요정 천사 내 아이야
안데르센 공원에서라도
마음껏 뛰놀다 가려무나
아니

천년만년 아이로

안데르센 놀이터에서

해맑게 놀자꾸나

하늘나라는 너희들 것이다

새 봄이 온단다

노란 개나리로 피어라

노란 민들레꽃으로

아지랑이 휘날려라

어지러운

황홀한 봄볕에 까르르

까르르 신나게 웃어보자

새파란 하늘 보며

하얀 양떼구름 좇아

까르르 까르르

부활하자

그러자 내 소중한 아해야.

〈정인이 수목장지기의 고백〉

"예배와 봉사, 교제를 뛰어넘어 사회의 부조리에 분노하고
우리 가정을 잘 돌보는 게 참된 신앙이다."

큐알 코드를 찍으면 《국민일보》 기사와 동영상으로 연결된다.

여기가 안데르센 '국립' 묘원?

한 명 두 명… 줄은 점점 길어졌다. 석양의 겨울 햇살보다 더 길었다. 줄이 길어질수록 슬픔의 길이도 더 길었다. 한 번 줄을 섰다 하면 50분이 지나서야 차례가 돌아왔다. 그러나 아무도 불평하지 않았다. 짜증을 내는 이도 없었다. 하염없이 기다리고 기다렸다. 다음 사람을 위해 얼른 비켜줘야 하는 것이 아쉬워 돌아서는 발걸음은 더 무겁기만 했다.

신기한 것은 정인이 또래 아이들이었다. 인형, 동화책, 간식…. 한 손에 든 것은 아이들의 필수품(?)인 게임기가 아니었다. 나도 모르게 속절없는 눈물이 맺힌다. 아이들도 알았다. 자기가 놀이터에, 동화마을에 관람 온 게 아니라는 것을. 어떤 아이도 투정 부리지 않았다. 꽤 품격 있는 조문 행렬이었다.

주말이라 사람들이 몰릴 거라 예상했지만 상상을 초월했다. 주차관리인 하나 없었지만 주차 질서는 완벽했다. 이런 예술이 또 있을까? 떠나간 자리는 바람에 날린 쓰레기 몇 개, 흘리고 간 마스크 하나가 전부였다. 어떻게 이럴 수 있는지 감탄하고 감동했다.

마지막 피크 타임에 차가 엉키긴 했다. 그러나 다들 불평 없이 기다렸다. 평생 처음으로 주차관리인 역할을 해보았다. 이리 뛰고 저리 뛰고 수신호로 차량을 통제하는 기분이 알싸했다. 공회전하는 차량을 밀다가 차바퀴에서 튀어 오른 흙더미를 뒤집어쓰기도 했다. 날벼락이었다. 순간 웃음이 튀어나왔다. 내 나이에 이런 봉사를 해본다는 게 기뻤다. 운전이 미숙한 여성 운전자 대신에 차를 안전하게 주차한 다음에 차 키를 건넬 때 기분은 참 묘했다. 목사직을 그만두어도 할 일이 있겠구나 떠올리니 웃음이 나왔다. 차들이 빠져나간 자리에 누군가가 흘리고 간 지폐 석 장이 흩날리고 있었다. 오늘의 횡재였다. 근무 날도 아닌데 근무를 자청한 여직원이 고마워 몽땅 건넸다. 그러자 내게 만 원을 돌려준다. 내일은 더 큰 벼락이 떨어지겠다며 속으로 웃었다.

소형차를 뒤에서 밀어주고 다시 내려오는데 한 운전자가 창문을 열고 묻는다.

"여기가 하이패밀리 〈안데르센 국립묘원〉 맞죠?"

나도 모르게 씩씩하게 답했다.

"예, 맞습니다. 오늘은 '국립' 묘원 맞습니다." 그도 씨익 웃는다. 인상이 싱그럽다.

웬만큼 차들이 빠져나간 끝물, 아들 녀석 생일식사 자리가 약속된 시간에 겨우 맞추어 집에 들어섰다. 허겁지겁 밥을 먹고는 삐끗했던 허리를 펴느라 누웠다가 그대로 잠들었다. 눈을 뜨니 벌써 11시가 가까왔다. 내일 설교는 영락없이 망쳤다. 마음이 초조해진다.

내일도 사람들이 오늘처럼 밀려올 텐데…. 교인들더러 '봉사'Service가 곧 예배Service이니 내일은 조문객들 환대하자며 예배를 미뤄볼까? 예배도 안 드린 목사라고 욕 얻어먹을까? 비몽사몽이다.

조용하던 개가 또다시 짖는다. 그야말로 개고생이다. 조용하던 동산에 밀려든 손님들로 자기 딴에는 스트레스를 받았는지 밥도 덜 먹는다.

35년 만의 추위라는데…
그들은 미쳤을까?

어젯밤, 정인이 일 때문에 미루고 미루던 연로하신 부모님을 찾아뵙고 왔다. 피곤해서인지 이내 곯아떨어졌다. 개 짖는 소리에 눈을 비비며 시간을 확인하니 새벽 1시 40분이다. 들고양이가 나타났나 생각하며 밖을 내다본다(추모객들이 갖다 둔 밥과 국들이 가끔은 고양이를 부른다).

웅성대는 소리가 들고양이는 확실히 아니다. 추모객이다. 아니, 이 시간에…. 수목장의 불을 밝힌다. 엄마·아빠인 줄 알았더니 둘 다 여성이다. 한 엄마가 눈물을 터뜨린다. 소리 내 한참을 운다. 그래도 떠날 수 없다. 개를 잠재워야 하기에 멀찍이서 지켜본다. 맨발에 슬리퍼 신고 나간 터라 발이 시려온다. 영하 15도다.

그러고도 한참 만에야 둘이 내려선다. 나를 발견하고는 무척 미안해한다. 기어드는 소리로 말한다.

"이 시간밖에는 달리 시간을 낼 수 없어서요."

아이들을 재우고 오느라 그랬단다. 할 말이 없어 어디 사느냐고 물었더니 '구미'라고 한다. 눈길에다 초행이라 그랬던지 3시간이 걸렸다. 이제 또 3시간을 달려가야 한다. 아빠들에게 맡겨두었지만 그도 걱정인 모양이다.

"우리 아이들이 '정인이 나이'라 그냥 있을 수가 없었어요."

떠나보내고 나도 모르게 속으로 중얼거린다.

"나도 나중에 엄마로 한번 태어날 수 있을까?"

한강도 바다도 얼었다. 북극발 한파에 서울 영하 17도, 35년 만에 가장 낮은 기온이다. 양평은 이보다 더 춥고 바람까지 불었다.

그런데 이런 추위를 뚫고 달려온 이들이 있었으니…. 어떤 아이는 정인이랑 한 달 차이로, 또 어떤 아이는 하루 차이가 난다고 했다.

어제도 어떤 분이 담요를 보내왔다. 이처럼 여러 추모의 방식들이 있다. 편지도 좋고 집에서 조용히 기도할 수도 있다. 추모시를 필사해보는 것도 도움이 된다.

어젯밤, 현관문에서 허리를 펴지 못한 채 하염없이 손을 흔들던 꼬부랑 내 어머니를 떠올리며 눈물 몇 방울. 오늘은 또 어떤 눈물과 마주쳐야 할지….

저희가 잘못했습니다

해는 뉘엿뉘엿 어둠이 스며들고 있었다. 뽀로로 음악마저 서글퍼지는 시간이었다.

"할 말이 없구나."

정인이가 잠든 화초장 앞에 선 채 내뱉은 첫마디였다. 깊은 탄식이었다.

"여호와는 나의 목자시니…."

성경을 다 읽기도 전에 목소리는 갈기갈기 찢겨져 있었다. 홍정길 목사(생명의빛 예수마을 원로목사)는 되뇌었다.

“외롭고 슬프고 괴로운 길을 떠난 정인아! 우리가 모를 아픔….”

그러고는 다시 목이 메었다. 옆에 서 있던 한홍 목사(새로운교회)는 연신 눈물을 훔쳐내고 있었다.

이동원 목사(지구촌교회 원로목사)는 찬양을 시작했다.

“예수 사랑하심은 거룩하신 말일세 우리들은 약하나 예수 권세 많도다.”

고개를 들지 못한 채 추모하던 이들 모두가 마지막 후렴구에서 정인이 이름이 새겨진 ‘정인이 나무’를 바라보며 찬양했다.

“(널) 사랑하심 (널) 사랑하심….”

이동원 목사는 읊조렸다.

“저희가 잘못했습니다. 돌보지 못했습니다. 우리를 용서해주소서. 한국교회를 용서해주소서. 정인이가 다 누리지 못한 사랑을 주님 품안에서 누리게 해주소서.”

수목장을 떠나며 홍정길 목사가 한 마디를 더했다. “우리 더 많이 돌이키자.”

불과 수개월 전 사랑하는 아들을 잃었던 아픔 탓이었을까? 연신 고개를 돌려 수목장을 돌아보시는 이 목사의 발걸음이 한없이 무거워 보였다.

제가 바로 정인이 양모입니다

"사람들이 '정인이 양모를 찢어 죽여야 한다'라고 할 때마다 가슴이 뜨끔합니다. 제가 바로 정인이 양모나 다름없거든요. 저도 남편이 속을 썩이니 자녀에게 화풀이를 많이 했습니다. 남편에게 사춘기 딸의 방황을 고발하기도 했습니다. 정인이 양모는 거의 모든 한국교회 여성들입니다."

어제 아침 받은 편지의 서두다. 편지를 쓴 이는 이전에 하이패밀리 〈가정사역 아카데미〉를 찾은 학우였다. 고백은 절절했다. 자신의 성장배경을 이렇게 설명한다. "가정에서 말씀대로 사는 법을 모르고, 교회 목사에겐 잘하며, 아버지에게 받은 상처로 언어폭력을 쓰는 모친 밑에서 제가 자랐습니다."

지금도 "목사에겐 어린아이처럼 잘하고 아버지를 돌보지 않는" 엄마 권사를 만날 때마다 힘들단다. 툭하면 '남편 탓', '시댁 탓'을 하며 싸웠고 그 후엔 기도원 가서 울고 기도하고 오고를 반복했단다.

배철현은 멸망하는 로마제국을 마감하고 중세라는 새 시대를 연 것은 다름 아닌 '고백'이라고 했다. 사십대 초반 아우구스티누스는 《고백》(397년)을 통해 로마 멸망의 원인을 찾아 나셨다. 아우구스티누스가 고백에 앞서 쓴 《독백》(387년)과는 이런 차이를 확인했다.

“《독백》이 자신의 철학적 사고에 대한 지적인 놀이였다면, 《고백》은 자신의 과거와 현재를 있는 그대로 고백하고 새 길을 모색하겠다는 영적인 몸부림이다.”

앞선 편지의 ‘영적 몸부림’이 담긴 고백은 ‘고발’로 이어지고 있었다.

“기독교가 기복의 종교로 타락하니 이렇게 되고, 좌우로 갈려 신앙이 아닌 이념으로 서로 싸웁니다. 목회자들도 단 한 마디 ‘내 탓이오’를 안 하니 신자들은 거짓 유튜버들에게 속아 좌나 우나 모두 ‘남 탓’만 하고 저주하는 데 한통속이 되었습니다. ‘어찌할꼬’ 가슴을 치며 ‘하나님!’ 외마디는 절로 나오는데, 그때 정인이 사건이 났습니다. 그동안 성서한국, 세계선교란 모토 아래 가정에서의 역할과 질서를 성경대로 가르치지 않는 교회 때문에 생긴 최대 피해자가 정인이 양부모이고 저 같은 사람들이지요.”

한국교회가 폭망하기 전, ‘내 탓이오’ 고백운동을 시작할 수는 없을까? 이번에는 조문객의 발길이 아니라 편지가 주는 무게에 짓눌려 뜬눈으로 밤을 지새고 있다.

오, 주여! 제 속에도 분노라는 괴물이 있습니다. 분노를 분뇨(糞尿)처럼 다루라고 가르치면서도 가족들에 대한 분노를 거두지 못했습니다. "가르치는 대로 살자. 그렇지 못하겠거든 사는 대로만 가르치자"라는 모토는 허울 좋은 장식품이었습니다. 아닌 척, 괜찮은 척, 고상한 척, 척척척…. 제가 껍데기 남편이고 껍데기 아버지고 껍데기 목사였습니다.

"마지막으로 주의 인자하심과 긍휼을 베풀어 주소서.
주여! 저를 영원히 버리지 마소서."

첫 번째 어린이 장례

내 앞에 앉은 젊은 아빠는 몇 차례나 고개를 꺾고 '멍'한 표정이었다. 우리의 대화는 자주 끊겼다. 깊은 침묵에 잠겼다. 어느 순간, 그는 자리를 떠났다. 나는 여전히 타자일 뿐 그가 될 수 없었다. 그가 다시 돌아올 때까지 조용히 기도했다.

"내 영혼이 위로받기를 거절하였도다"(시 77:2). 참으로 뼈 때리는 말이다. 대체 무슨 일을 겪었던 것일까? 시편 기자는 고백한다.

하나님을 생각할 때마다 나오느니 한숨뿐입니다.

생각을 하면 할수록 맥이 풀려 어쩔 줄 모르겠습니다. (셀라)

밤새도록 눈을 붙이지 못하게 하시니 너무나도 걱정스러워

입이 떨어지질 않습니다.

지난날을 돌이키며 지나온 세월을 더듬어 봅니다.

깊은 생각에 잠겨 밤을 지샙니다.

생각에 생각이 꼬리를 물고 일어납니다.

_시편 77:3-6, 현대어성경

도대체 하나님이 무슨 일을 하신 것일까? 위로받기를 거절한 영혼이 어떻게 살아갈 수 있을까? "주님, 비를 맞고 있는 사람에게 우산을 받쳐주는 것이 아니라 함께 비를 맞는 것이 위로라고 합니다. 주룩주룩 쏟아지는 저 비를 함께 맞게 해주십시오."

다노는 폐동맥 없이 태어났다고 했다. 중요한 장기 하나가 완성되지 못한 채 태어난 것이다. 인공 폐를 장착해야 했다. 다노의 키가 자라면서 인조 폐동맥도 큰 것으로 교체해야 했다. 벌써 두 번이나 했는데도 앞으로도 얼마나 자주 이 일을 되풀이해야 할지 감이 안 왔다.

○

장례의 주제는 〈잘 자라 내 아가!〉였다. 필명 마크 트웨인으로 더 잘 알려진 《톰 소여의 모험》 작가 새뮤얼 랭혼 클레멘스가 딸의 묘비에 새긴 비문에서 따왔다. 메모리얼 테이블에는 남자아이답게 자동차들이 많았다. 어떤 차량이 내게는 앰뷸런스로 보였다. 다노도 두 손 모아 '위시 토이'wish toy에게 소원을 빌었을까?

결국, 심정지로 눈을 감았다. 만 3세. 4대 독자였다. 내가 마주한 가장 무서운 참척(慘慽)이었다. 창자를 저며내는 고통 말이다. 시편 기자는 피가 뚝뚝 떨어지는 창자를 붙들고 울부짖는다.

주님 어찌하여 날 버리시고 돌아보지 아니하시는 건가요?
주님 사랑이 말라버린 건가요?
신실하심 더 이상 아니 보이실 건가요?
거룩하신 그 마음이 바뀔 수 있나요?
자비를 잊고 노를 품으셨나요?
주님의 덕 과연 쇠하셨다면 누가 능히 힘 얻을 수 있겠습니까?
_ 시편 77:7-10

다노의 아빠와 엄마, 할아버지 할머니, 외할아버지, 외할머니…. 그들을 위해 할 수 있는 게 아무것도 없었다. 무력했다. 하지만 장례만이라도 정성스레 꾸며주고 싶었다. 장례 내내 다노의 아빠 엄마에게 시편 기자의 고백이 이슬비처럼 스며들기를 기도했다.

환히 빛나던 주님의 그 행하심! 우뚝하게 빼어나신

거룩한 손길!

그날의 크신 섭리 놀라운 지혜, 마치 어제 일인 양 생생하구나

뭇 신들 뛰어넘은 주님의 권능

온 세상은 그저 우러러볼 뿐이라

자비의 손 펼치셔서 그 백성 속량하시니 그 백성 누구인가?

야곱과 요셉의 자손이로다.

_ 시편 77:12-15

내겐 가장 짧은 반나절의 장례이면서 가장 길고 긴 장례였다. 이번 장례는 순전히 가족장이었다. 제단도 부모들이 꾸몄다. 추모사도 외할아버지가 했다. 메모리얼 테이블은 아이가 갖고 놀던 장난감으로 그득했다. 벽면에는 아이를 떠올릴 수 있는 추억의 사진들이 엄마 손길로 전시되었다.

죽음에 성인과 아동의 차별이 있어서는 안 된다. 더구나 죽음은 떠난 이에 대한 존엄함과 동시에 남은 자의 치유에 초점이 맞추어져야 한다. 이제라도 교회는 어린이 장례 지침을 갖출 수 없을까? 나아가 그 부모들을 위한 애도와 치유프로그램도 속히 마련해야 하지 않을까?

○

펼쳐진 우산 아래 이란성 쌍둥이 누나(나나)와 여동생(다나)이 서 있다. 두 아이도 쏟아진 비를 함께 맞고 싶었던 것일까? 한참을 머물렀다. 추모제단의 액자를 이곳저곳 정리하다 동생을 무심히 들여다보는 표정에 또 한번 울컥하고 만다.

○

제단 위에 올려진 유골함이다. 주님 품 안에 안긴 모습을 상징한다. 그 아래 쓰인 라틴어 '에란트 발데 보나'erant valde bona는 "하나님이 보시기에 좋았더라"(창 1:4)라는 감탄사다.

어린이는 어른보다 한 시대 더 새로운 사람●

"아이 보채듯 한다"라는 말이 있다. 남을 귀찮게 할 때 쓰는 말이다. "철딱서니 없는 애도 아니고…"라는 말은 철없는 사람을 이른다. 아이는 언제나 떼나 쓰고 철없는 존재일까. 가족이 봄나들이를 떠났다. 꽃들 사이를 윙윙거리며 춤추는 벌을 보고 딸이 소리친다. "아빠, 벌이다. 벌!" 마침 하늘로 날아가는 벌을 보고 아빠가 말했다. "너, 저 벌이 어디로 날아간 줄 아니? 꿀 따러 가는 거야 꿀!" 딸이 대꾸한다. "아냐, 아빠! 저 벌은 엄마를 찾아가는 거야."

영국의 국민 시인 윌리엄 워즈워스는 일찍이 "어린이는 어른의 아버지"The child is father of the man라고 읊었다. 스승도 아니고 아버지였다. 그런데도 여전히 우리는 어린이들을 은근히 깔본다. '주린이'란 주식과 어린이를 합친 말이다. 주식 투자 초

● 2022년 5월 5일, 저자의 《중앙일보》 칼럼을 정리했다. 〈어린이는 어른보다 한 시대 더 새로운 사람〉.

보자를 뜻하는 신조어다. '어른이'란 말도 있다. 어른과 어린이를 합친 말이다. 어린이들이 좋아하는 영화나 만화 · 장난감 따위에 열광하는 사람을 이른다. 꼭지가 덜 떨어진 사람을 향한 조롱이 담겨 있다.

어린이란 말은 소파 방정환 선생에 의해 처음 등장했다. 아이들을 낮춰 부르는 세태에 경종을 울리고자 함이었다. 선생은 어린이가 "어른보다 한 시대 더 새로운 사람"이란 의미로 이 말을 썼다. 100년 전의 일이다. 선생은 간곡히 호소했다.

> 어린이를 내려다보지 마시고 쳐다보아 주시오. 어린이에게 경어를 쓰시되 늘 부드럽게 하여 주시오. 이발이나 목욕 같은 것을 때맞춰 하여 주시오. 잠자는 것과 운동하는 것을 충분히 하게 하여 주시오. 산보와 원족(遠足 · 소풍) 같은 것을 충분히 하게 하여 주시오. 어린이를 책망하실 때에는 쉽게 성만 내지 마시고 자세자세(자세히) 타일러 주시오. 어린이들이 서로 모여 즐겁게 놀 만한 놀이터나 기관 같은 것을 지어 주시오.
>
> (1923년 5월 1일 어린이날 선언문)

이 선언문이 발표된 때는 대한제국이 일제에 나라를 잃은 경술국치(庚戌國恥)의 한복판이었다. 앞날의 희망이 보이지 않았고 목구멍에 풀칠하기 바빴다. 이런 때 선생은 어린이에게서 이 나라의 희망을 봤다. 선생이 위대해 보이는 것은 바로 이런 점이다.

지난 2022년 4월 30일 기부천사 이영애 씨는 소아암 아이들을 위해 써 달라며 〈앰뷸런스 소원재단〉Ambulance Wish Foundation에 1억원을 기부했다. 사단법인 〈하이패밀리〉 이사장인 우창록 변호사는 이런 인사말을 했다.

> 배고프고 가난한 우리나라가 어느새 세계 10위권 경제 대국에 들어섰다. 그렇다면 정작 우리네 아이들은 그에 걸맞은 대우를 받는 것일까. 아이들은 더 굶주리고 아파한다. 어서 아이들이 행복하고 밝은 세상이 왔으면 좋겠다.

그의 말이 뼈아프게 들렸다. "흉년에 어미는 굶어 죽고 아이는 배 터져 죽는다"라던 부모 사랑은 옛말이 됐다. 가정폭력과 아동학대로 스러져가는 생명이 끝없다. 전쟁통도 아닌데 해외 입양은 계속된다. 거기다 출산율은 세계 최하위다. 희망이 없어 보인다.

이화여대 사회복지학과 김수정 · 정익중 교수의 연구를 보면 아동학대에 따른 한국사회의 사회 · 경제적 비용이 최소 3,899

억원, 최대 76조원으로 나타났다. 76조원은 우리나라 국내총생산GDP의 5.1%나 되는 규모다. 엄청난 사회 비용을 치르고 있는 셈이다. 곳곳에서 아동복지 예산을 늘려야 한다는 목소리가 크게 들린다. 그렇게 해서 복지비를 늘리면 무너진 가정이 살아나고 희망을 다시 싹틔울 수 있을까.

5월 5일에는 전국 곳곳에서 '오늘은 어린이날, 우리들 세상'이란 어린이날 노래가 불린다. 이 노래가 365일 들리는 세상을 보고 싶다. 5월 5일 하루를 어른의 날로 삼고, 364일을 어린이날로 바꿀 수는 없을까. 내 손녀를 가슴에 꼭 품고 해본 생각이다.

〈365일 어린이재단〉이 세워지다

천국에는 아라비아 숫자가 없다. 그렇지만 굳이 하나님 사랑을 아라비아 숫자로 표현한다면 365가 아닐까? 36.5℃의 체온으로 그분은 늘 나를 안아주신다. 모태로부터 주어진 36.5℃의 기적은 365일로 확대된다.

'오늘은 어린이날, 우리들 세상'을 365일로 확장시킨 이유다. (모든 숫자가 사라져도 마지막까지 남아 있을 숫자는 36.5가 아닐까? 생명의 온도가 곧 사랑의 온도니까….)

유엔 세계 아동의 날United Nations World Children's Day은 어린이의 기본 권리를 인정하고 보호하기 위해 1954년 12월 14일 유엔이 제정한 기념일로, 매년 11월 20일이다. 유엔은 1989년 11월 20일에 〈아동권리협약〉을 채택하고, 이를 기념하기 위해 '세계 아동의 날'을 제정한 것이다. 196개 국가들이 가입·비준한, 아동을 위한 전 세계의 약속인 셈이다. 권리 협약은 모든 아동에게 생존, 보호, 발달, 참여의 권리가 있음을 규정하고 있다. 우리나라는 1991년 이 협약을 비준하고, 2003년부터는 11월 20일이 있는 주를 '아동권리주간'으로 선포하고 매년 기념하고 있다. 참고로 11월 19일은 세계 아동학대 예방의 날 World Day for the Prevention of Child Abuse로, 아이들을 위해 두 날은 기억해두자.

〈365일 어린이재단〉은 '유엔 아동권리협약'을 실천하기 위해 시작한 아버지 · 어머니 운동이다.

1. 자녀에게 최고의 선물은 부모 환경임을 알고 '공부하는' 부모가 되겠습니다.
2. 작은 나무들도 서로 모여 숲을 이룰 때 '바람'을 이겨내듯 우리는 연대합니다.
3. 더도 말고 덜도 말고 36.5℃ 사랑으로 아이들을 안아주겠습니다.

총 43조로 꾸며진 〈아동권리협약〉의 제13조는 이렇게 서술된다. "아동은 배우고, 생각하고 느낀 것을 말, 그림, 글 또는 다른 사람에게 피해를 주지 않는 여러 방법으로 자유롭게 나눌 권리가 있습니다."

〈365일 어린이재단〉은 이 13조에 기초하여 '말하게' 했고

'그림으로' 그려내게 했다. 이를 '글'로도 표현하도록 했다. 이 작업에는 청란교회 10명, 고송분교 15명, 지역사회 어린이 2명, 총 28명이 참여했다.

아이들이 그려낸 그림에 대해 김택근(시인, 언론인)님은 이렇게 썼다.

아이들 그림은 신비롭습니다.

구겨도 구김이 없고, 꾸며도 꾸밈이 없습니다.

그래서 어른들은 쉽게 그림 속으로 들어가지 못합니다.

아이들이 그린 다양한 형상들이

형식만 고집하는 어른들을 부끄럽게 합니다.

그 다양함이 존중되고 사랑받아서

다양한 세상을 열어가는 주인공들이 되리라 믿습니다.

가을 하늘보다 맑은 아이들 마음이 보입니다.

깨끗한 내일을 소원하는 기도가 들어 있습니다.

참으로 좋은 날 두 손 모읍니다.

〈아동권리협약〉 13조를 따라 아이들에게 '말'하게 했다. 어린이들이 입을 열었다.

1. 때리지 마세요.

2. 싸우지 마세요.

3. 소리치지 마세요.

4. 차별하지 마세요.

5. 안아주세요.

6. 놀아주세요.

7. 끝까지 들어주세요.

8. 쉴 시간이 필요해요.

9. 나를 존중해주세요.

10. 약속은 꼭 지켜주세요.

아이들은 말했고 우리 모두는 할 말을 잃었다. 대신 두 손을 모으고 무릎을 꿇었다.

"우리의 죄를 사하여 주시옵고…."

아빠 엄마들이 이에 화답하듯 약속했다.

에필로그

결혼에는 웨딩 플래너가
장례에는 앤딩 플래너가

대학 입시는 초·중·고 12년을 준비한다. 그것도 모자라 재수 삼수까지 한다. 결혼식도 최소한 몇 달을 준비한다. 그런데 죽음과 장례는 '닥쳐야' 한다. 헐레벌떡이다. 죽음이 개죽음이 되는 이유다.

결혼'식'은 1시간 남짓이면 끝난다. 그 짧은 퍼포먼스를 위해 온갖 정성을 다한다. 웨딩 플래너의 도움은 필수다. 장례'식'은 기본이 3일이다. 그 3일을 보내면서도 염장이와 육개장 밥상 차리는 도우미 외에 별 다른 게 없다. 상주는 갈팡질팡이다. 국적조차 없는 짬뽕들이 유족을 괴롭힌다. 판판이 속는다. 장례에는 단골도 없고 '주요' 고객도 없으니 대놓고 사기

쳐도 된다는 말도 나온다. 이쑤시개 하나까지도 계산되고 있다는 것을 안다면 어떤 기분일까?

장례는 그 집안의 마지막 품격이라 한다. 장례가 대충인 집안은 사는 것도 대충이다. 그러다 대충(大蟲)에 걸려 된똥 싼다. 돈 봉투 대신 '추억'이 있고 '애도'와 '추모', '치유'가 함께 하는 장례의 품격을 찾아낼 수는 없을까? 땅문서, 집문서보다 귀한 삶의 '유산'이 있는….

결혼 도우미로서 웨딩 플래너가 있듯이 죽음과 장례에는 '앤딩 플래너'가 있어야 한다. 그래야 "장례는 짧고 아쉬움과 원망은 길다"라는 말이 사라질 것이다.

앤딩 플래너. 창직이다. 은퇴한 교수·교사, 성직자… 노후를 멋지게 보내면서 인생 3모작을 고민하는 분들 모두가 도전해볼 만하다. 누군가의 삶 마지막에 길벗이 되고 사랑의 기억을 이어주는 산파(産婆)가 되어본다는 것, 얼마나 멋지고 아름다울 것인가?

발자취

1998. 화장장려 운동 시작

2010.02. 자연장지 허가(수목장, 〈소풍가는 날〉)

2012.05. 수의 대신 평상복입기 캠페인

2012.10. '생전 장례식' 제안

2014.01. 국제싸나톨로지스트 자격증

Association for Death Education
and Counseling
in affiliation with the
Foundation for Seed of Divine Lights

Has conferred upon

Kil Weon Song, CT

The designation of

Certified in Thanatology:
Death, Dying and Bereavement

For demonstrating knowledge of Thanatology, documenting professional and educational achievements and fulfilling prescribed standards required for CT

January 1, 2014 – November 15, 2016

2014.04. 죽음의 날, 〈유언의 날〉 선언

2014.04. 명동에서 〈유언의 날〉 캠페인

2014.04. '내 생애 마지막 기부운동' 시작

2014.07. 세월호 현장에 〈하늘나라 우체통〉 설치와 〈부활의 등대〉 꾸미기

2014.09. 육군본부 교육사령부 사생관 교재 개발 납품

2015.02. SERI CEO 〈죽음 강의〉

2015.04. 임종휴가법안 발의(하태경 의원)

2015.04. 아라아트센터(공화랑) 전시회

2017.10. 장례독립 운동("제2의 종교개혁은 장례 개혁")

2020.10. 〈메멘토모리 기독시민연대〉 발족

2020.12. 첫 번째 “주제가 있는 장례 모델” 개발

2021.02. 명예보건학박사

2021.11. 〈앰뷸런스 소원재단〉 발족

2021.11. 〈365일 어린이재단〉 발족

2022.04. 동서대 석좌교수

2022.05. 앤딩 파티 개최 (사전 장례식)

송길원이 쓴 ‘죽음’에 관한 저서

2013.05. 《헤피엔딩 노트》, 하이패밀리

2014.02. 《세 이레의 기적》, 하이패밀리

2014.06. 《행복한 죽음》, 나남출판

2014.11. 《죽음이 있는 곳이 성지다》, 해피홈

2016.04. 《봄: 상실과 애도 그리고 치유를 위한》, 나남출판

2020.04. 《죽음이 배꼽을 잡다》, 하이패밀리

2021.01. 《죽음의 탄생》, 하이패밀리

2022.06. 《죽음이 품격을 입다》, 글의온도

죽음이 품격을 입다

초판 1쇄 발행 | 2022년 6월 30일
초판 3쇄 발행 | 2022년 11월 30일

지은이 | 송길원

펴낸이 | 김윤정
편집 | 최은희

펴낸곳 | 하온
출판등록 | 2021년 1월 26일(제2021-000050호)
주소 | 서울시 종로구 삼봉로 81, 442호
전화 | 02-739-8950
팩스 | 02-739-8951
메일 | ondopubl@naver.com
인스타그램 | @ondopubl

ISBN 979-11-92005-15-7 03230